遡《そ》る思考

佐藤 卓

新潮社

塑する思考●目次

カバー写真　戸田嘉昭（パイルドライバー）
装幀　芦澤泰偉

塑《そ》する思考

はじめに

この本をお読みいただくにあたり、まずお伝えしておきたいことが二つあります。

一つは、私がデザインの仕事を生業にしているデザイナーだからといって、この本は所謂《いわゆる》デザインの専門書ではなく、ましてデザイン概論的な難しい能書きを垂れるつもりもさらさらない、ということ。そうではなくて、デザインの仕事を通して、あるいはこの仕事を素材に、ちょっと大袈裟ながら人の営みについて考えたところを一度きちんと語ってみたいと思っただけなのです。そもそも私が携わっているのはごく当りまえの日常と接点をもつデザインばかりなので、「デザインを通して考えた人の営み」を具体的に語れば、それらは普段、身の回りにある簡単な事柄で、もともと小難しい話になどなりようがありません。

もう一つお伝えしておきたいのは、現在、日本国内で一般的に受け取られている「デザイン」のイメージにはかなり誤解がある、ということ。私が痛感しているその問題点もあらかじめ提示して、できればこれを踏まえながらお読み願えればと思いました。

日本で「デザイン」という言葉が、善かれ悪しかれ、かくもてはやされた時代は過去になかったはずで、デザインの概念そのものも、「生活をデザインする」といった言い方が生まれているように、大きく広がりをみせていますが、中には「デザイン家電」などと、なかばデザインを小バカにしたような間違った言い廻しが、つい最近まで蔓延《はびこ》っていました。どのような仕方であれ、家電製品の全てにそれぞれ必要なデザインが施されているのであり、だからこの言い方は完全に間違っているわけです。にもかかわらず、こんな言葉が一般的に使用されてしまうのは、デザインがまだまだ理解されていない証左であり、実はここに大きな問題が潜んでいます。「デザイン家電」が言う「デザイン」には「デザインぽい」のニュアンスが確実に含まれていて、いかにもデザインされているもの、例えばカッコイイもの、オシャレなものがデザインなのであって、それに外れる事物はデザインされていないと認識してしまう。このような言い方が当りまえに使用されていれば、デザインとは「特別なもの」で、普通日常の生活には不必要のものでしかないかのように思われても当然です。全く間違ったこの手の言葉を、いかにも知ったかぶって使いまくったメディアの責任は、やはり大きい。知らず知らずのうちに、デザインはなにか特別なものであるとの刷り込みがなされてきました。

ところがデザインは日常ありとあらゆるところに隠れているのです。意識化されるデザインなど、そのごく一部にすぎず、ほとんどのデザインに対して我々は無意識です。今読んでいただいているこの文章に使用されている文字のひとつひとつも、どこかの誰かがつくったデザインですし、文章一行一行の間の白く空いている間隔もデザインなのです。道を歩いていて、普段まったく気にもとめない路面のアスファルトもデザインですし、ガードレールや信号だってデザインです。道そのものもデザインで、元はといえば大地が広がっているだけで獣道ほどしかなかったところを、人がなんとなく歩いているうちに道となり、やがては人が意識的に道を計画するようになって今に至った。つまり道は人が移動するためのデザインにほかなりません。こんな具合に、気がつかれないところに様々なデザインがいっぱい隠れています。「デザインなんていらない」とか「デザインはどうも如何《いかが》わしい」とかの発言があるのだとすると、それはデザインへの誤解から生まれています。どんな技術にせよ情報にせよ、人に届けるためには何かしらのデザインを必ず経なければならない。これは、それぞれの人の思想や好き嫌いの問題ではなく、人が人として生きていく上でどうしても避けられない事実なのです。デザインという言葉がこれだけ日常的にもてはやされているにもかかわらず、一般的にはかくも理解されていない現実は、日本にデザインという概念が導入されて久しい現代において、実に嘆かわしい。しかしだからこそ、そういった誤解を解くためにもデザイナーの仕事が必要です。ほとんどの人が接する場面のない、数少ない特別なもののために施されるデザインももちろん必要ですが、何度も申し上げるように、普段、無意識に触れている事物の中にこそ数多くのデザインが隠れています。デザインは、そのように敢えて表に出さず感じさせないこともできれば、見て分からない物事の本質を見えるようにして、誰にでも分かるように示すこともできる。現代社会は、経済のみが豊かさの指標になってしまったがために、デザインが物やサービスを売るための、つまり目立たせるための道具としてしか捉えられないようになりました。それゆえデザインについて懐疑的な印象を持たれている方も多いのではないでしょうか。

そんな二つのことを前置きして、しかしデザインを通して人の営みを考える面白さを、多くの人にお伝えしたいと思っています。この本をお読みいただき、これからの日常生活の少しでも手助けになれば、それほど嬉しいことはありません。

私は、こうしてデザイナーになりました。

私はグラフィックデザイナーの父と専業主婦の母の長男として東京練馬の石神井《しゃくじい》に生まれ育ちました。デザインという言葉がまだ浸透していなかった戦後間もない頃に東京美術学校を出た父は中学の美術教諭の職を経て、デザインで生計を立てながら、時折絵も描き続け、晩年はしっかり画業に戻りました。好きだった純粋芸術に未練があってのことと想います。母は、いわゆる昭和の専業主婦でしたが、上四人の兄たちが模型エンジンを制作・販売する技術者集団でした。現在でも、主にラジコンやUコンと呼ばれる模型飛行機用エンジンの制作会社として存続しています。小さな時分からそちらへ遊びに行けば模型エンジンの部品などを自由に弄べる環境にあり、私は精度の高いそれらをオモチャ代わりに、エンジンオイルの匂いの中で従兄弟たちとよく遊んでいたものです。だから今でもエンジンオイルが焼ける匂いが好きです。

それとは対照的に、私が生まれ育った練馬は、高度成長初期にもクワガタやカブトムシといった昆虫採集や川魚獲りが近所ででき、今から思い返せば、私は人工物のエンジンと自然の生き物という、まるで対極のものをあたりまえに受け入れ、何気なく遊んでいたのでしょう。

そんな二つながらの環境で育ち、ものを造ったり絵を描いたりするのと、身体を動かすのが好きだった私は、図工（美術）と体育の成績だけが良く、国語算数理科社会の、いわゆる主要教科が苦手で、さらに高校に入ってからは試験のたびに赤点を取りまくり、担任の先生には、このままでは進級できないぞと脅かされて暗い気持ちになっていました。高校二年の終わり頃、主要教科の呪縛から逃げるかのように、じつは美術大学を目指したいのですがと打ち明けたとたん、担任から手に負えないとばかり突き放され、ならば美術の先生の指導を受けなさいと言われた私は、一気に周囲とは違う水を得た魚になった感があり、いや元気になりました。この時、父の影響がなかったはずはないのだけれど、美術大学に行く決心の一番の後押しをしてくれたのは、好きで買っていたＬＰのジャケットデザインだったのです。

中学からロックを聴き始め、手にしたＬＰジャケットを食い入るように見つめながら、ヘッドフォンでガンガンに好きな音楽を、リズムをとりながら全身で聴くわけですから、それはもう影響大ありだったのです。耳で聴くのではなく、身体で聴く。とかく脳で考え理屈っぽくなる大人に比べ、若い時には頭と身体とが分かれていない。次々に新しいロックが生まれるとともに作られる刺激的なアルバムジャケットを穴が開くほど見ていて、こんなに無限の可能性を持った世界があるんだと、そのつどワクワクしていたのでした。LPジャケットには、写真もあればイラストレーションもあれば、文字もあればファッションもあれば、車のデザインも海外の見たこともないような世界も、宇宙までもが広がっていました。なにより自分に無限の可能性を感じさせてくれたのがLPジャケットのグラフィックデザインの世界だったのは、現在でも自分の肩書きをグラフィックデザイナーにし続けている所以《ゆえん》でもあるのです。グラフィックデザインが全てと繋がっているのだと音楽を入口に感じられたことは、それからの人生に大きく影響しています。

現役での大学受験は、苦手な学科試験もきっちりあったので案の定失敗、一年間予備校で浪人生活を送り、学科の勉強にも多少勤しみ、翌年、東京藝術大学デザイン科になんとか入った私は、学部に四年、大学院の修士課程に二年と、大学にはつごう六年間在籍しました。私が学部生の頃は今ほど人気があるところではなかった大学院になぜ進んだかといえば、もっと勉強がしたかったから、ではまったくなくて、学部の三年時からパーカッショニストとして参加していたロックバンドの活動を、大学院に籍を置いておけばなんとなく続けられそうだから、という安直な理由でした。今にして思えば、国立の学校ですから多額の税金を使って勉学の場が用意されていたわけで、実にけしからん話ですが、恥ずかしながら、当時の私はそこまで思い至りませんでした。そんな次第で、今時の学生を社会性がない！　と説教する資格など、私には到底あり得ません。

バンド名は、ミネソタ・ファッツ。メンバーが全員ビリヤード好きだったことからこの名が付きました。映画「ハスラー」で、主演のポール・ニューマンが挑むミネソタのデブのあだ名です。週に一度は関東各地のライブハウスで生演奏するような、まがりなりにも音楽事務所所属のバンドでした。同じ事務所には、あの頃の関東ロックバンド事情に詳しい方ならご記憶かと思うのですが、オレンジ・カウンティ・ブラザーズ、ボブズ・フィッシュ・マーケットが先輩バンドとして所属していました。ミネソタ・ファッツでの私は、主にコンガやボンゴといったラテンパーカッションを叩いていました。当時、アメリカ西海岸には、パーカッショニストが入っているロックバンドが少なくなくて、ドゥービー・ブラザーズ、リトル・フィート、そして我らミネソタ・ファッツのメンバーが崇拝していたグレイトフル・デッドなどの曲中、よくラテンパーカッションがドラムと共に心地よいリズムを刻んでおり、その影響もありましたが、なにせギターもベースもドラムも私より断然上手いヤツらがメンバーにいたもので、リズム感にだけ自信があった私はパーカッシヨンを、となったわけです。とにかく、見よう見まねで好き勝手に叩いていたところ、横浜・日ノ出町にあったライブハウス「グッピー」でのある日のライブを境に、パーカッションの新天地が突如拓けてしまいました。

その日のライブが終わった後、長髪を後ろで縛り、頬はこけ、目が虚ろな、見るからにただ者ではない人物に、突如、声を掛けられたのです。

「ユー！　その叩き方じゃダメ。オレが教えてやるから、今度うちに来い！」

正直、けっこうビビりました。最初の一言が、私を指差しての「ユー！」でしたから。横浜界隈ではこんなふうに会話に英語を取り込んでしまうのかと、その自然な調子に、ビビりながらも妙に感心させられたのを今でもよく覚えています。この時、私はまだ知らなかったのですが、なんとこの方は日本のラテンパーカッショニストとしてかなり名の通ったプロだったのでした。以後、コンガを一本抱えて、この人の横浜・山手の家に毎週電車で通い始めました。

練馬区に住んでいた私にとって、けっこうな距離でした。授業料なんぞいらないというので、時々、ウイスキーをひと瓶持参することにしました。ここで、コンガの基礎を改めて、というより初めて習うことになり、以来、電車で移動中など、座っている時には必ず膝をコンガ代わりに素手で叩き続けました。手順としての叩き方をただ覚えるのではなく、徹底的にラテンのノリを身につけろと教えられたので。こうして横浜に通ううちに、コンガの叩き方が自分でも面白いくらいに変わっていき、叩くパターンも圧倒的に増え始めます。こうなってくると、やればやるほどそれが活かされるバンド活動にもさらにのめり込みました。若かった私が、ミュージシャンという生き方に憧れてしまったのは無理もなかったと思います。プロのパーカッショニストはまだ少なかった頃です。「ユーが本気になってやれば、飯は食えるよ」などと言われようものなら、なおのこと。

しかしながら、ミネソタ・ファッツはその後、オリジナルメンバーが就職のため少しずつ辞めて入れ替わり、当然、バンドの一体感は薄れ始め、結局、私が大学院一年の秋頃には解散の道を辿らざるを得なくなりました。それでも私は、下北沢を根城に活動していたシンガーソングライターのバックでパーカッションを叩くなどしながら、漠然とミュージシャンの道を諦めきれず、しばらく探っていましたが、楽譜も碌に読めない者にとって、プロの道はそんなに甘くはありません。そしてある日、ついにプロの音楽の道に終止符を打つ決心をさせられる出来事がありました。大学で課題の作品をつくるため、集中して細い線を一本描こうとしたその時、あろうことか手が震えたのです。

私がバンドで叩いていたパーカッションは数種類ありましたが、主に使っていたコンガは、高さ七十センチくらいの膨らんだ筒状の胴を、坐ったまま股に挟んで天面の革を素手で叩く打楽器で、毎日、パンパンに張った硬い革を叩き続けた私の手は、細かい作業に集中するとブルブル震えるようになっていました。小さな頃から絵を描くのが好きで、自由自在に綺麗な線を描いてきたのに、こんなことは初めてです。この時、線を描くことを音楽のために犠牲にはできないと痛感して……と書くと話が美しすぎで、プロの音楽の厳しい道から逃げるための口実だったのかもしれません。若かった私が動揺していたのは確かでしたし、あわてて就職について考えることにもなりました。

もっとも、当時は今のように就職活動が早くも学部三年の時点で始まったりはせず、四年になってから本格的に考えれば充分間に合いました。よって大学院二年になっていた私にもまだ間に合ったばかりか、その年の夏休みには、バイトで貯めたお金で赤道近くのトラック諸島まで、友人たちと初めての海外旅行に出かけたくらいですから、まあ呑気なものだったと思います。ようやく夏休みの後半、真っ黒に日焼けしてトラック諸島から戻った私は大学の学生課に向かいました。これからでも受け付けてくれる会社はあるものだろうか、と。インターネットどころかパソコンすら想像もできなかった頃なので、学生課に張り出されている募集要項を見に行くしかなく、そこで広告代理店「電通」の名を目にします。

学部で同期の友人が、すでに学部卒業時から電通に就職していたので、どんな会社であるか多少は知っていましたが、それまで就職を真剣に考えていなかった私には、確か駅に貼ってあるポスターをつくっている会社、程度の認識しかないのでした。将来のことを早くから考える今の勤勉な学生からすれば、呆れた話でしょう。会社説明会の申し込みに、まだぎりぎり間に合うとのことだったので、急ぎ書類の準備などの手続きをし、生まれて初めてスーツ一式を買いに行き、つい一ヶ月前には想像もしなかった大手企業の会社説明会に臨んだわけなのです。

元来ロックは反体制を象徴するはずの音楽ですから、大手企業への就職だなんて、まるで自分の精神の背骨を折るような行為だったわけなのに、そんな葛藤も大してなかったのは、今にして思えば、ロックなるすでに様式化しつつあった流行に、後追いで乗っかっていただけなのかと、いや恥ずかしいかぎりです。若い時にはどうしても表層しか見えず、ロックの精神などには、まるで理解が及んでいなかった。ただただ、既成の事実を壊すのはカッコいいと憧れていただけなのです。既成の事実や既存の社会がどのようにしてできてきたのかも知ろうとしないで、ただ壊すことに憧れていた。そこに民主主義や自由、解放、革新などのキーワードが重なれば、なおのことです。今なら、それも重要な経験だったと思えます。その後、そもそも自由とはどういうことなのかと疑問を抱けるようになったのも、ひたすら壊す愚行に酔いしれたことへの反省から来ています。あの頃のバンド経験が、現在、音を使う仕事に活きているし、流行を常に疑う客観的な視点も与えてくれました。

さて、急に受けることにした電通の入社試験でしたが、どういう風の吹き回しか通ってしまいました。私は学部三年の時から、今はなき形成デザイン科を選択していて、広告系に進もうとする学生が通常選択する視覚伝達デザイン科で学ぶような課題を一切こなしていませんでした。むろん合格の期待もあるにはあれど、現実に合格通知を受け取ると、どうにも意外でなりませんでした。落ちる覚悟もできていて、落ちたら落ちたでどこか別のデザイン事務所の扉でも叩いてみよう、くらいの楽観的な構えでいたのです。この時代の楽観的な気分は、イーグルスが唄ってあの頃大ヒットした、ジャクソン・ブラウンも制作に関わっているTake it easyを聴いていただくと、なんとなくお分かりいただけるのではないでしょうか。

形成デザイン科というのは、日本および世界中の文様を模写して研究するような、すこぶるアカデミックな科だったので、電通の試験に出た、新聞広告を制作せよ、などの課題はまったく経験していませんでした。なのになぜ、そんな私のような者に広告の道が拓けたのか。おそらく、今の仕事の仕方にも通ずる、作品面接の際のプレゼンテーションの仕方にあったのだろうと推測します。

私は学部三年の後半あたりから、文様の研究者だった教授の影響で、アラベスクと呼ばれる中近東の寺院などに描かれた文様、中でも幾何学文様に夢中になりました。そして、アラベスクを基本にした独自の複雑な文様を描き出します。バンド活動の合間に時間をつくっては、描きふけっていたわけです。課題でもないのに、なぜか次々に、更に複雑な文様を描くことに嵌っていきました。自主的に制作したこの文様は、複雑に絡み合っているので、どんな手順で制作したのか誰にも分からない。これを就職試験の面接で、背景を何も知らない人にそのまま見せても分かるわけがなかろうと、出来上がった複雑な文様をまず見せてから初めに遡り、順を追って制作過程が分かってもらえるようにプレゼンテーションをしたのです。ひとつのパターンがどのように組み立ててあるかから、それが二つ繋がった状態、さらにそれが面に広がった展開を見せる、といった具合に。つまり順序立てて、誰にでも簡単に分かるように見せたのです。こんなものを面接で見せられる広告代理店のディレクターにとってみれば、広告とは何の関係もなさそうな不思議なものを丁寧に解説される、どれだけ変なプレゼンテーションだったことか。通常の応募者ならポスターなどいかにも商業的な作品を見せたはずですから、この不思議なものへの私の想い入れ具合は尋常ではなく、かなり変わったヤツだっただろうことは、今、この齢になれば分かります。加えてその頃の私は、音楽の趣味がアメリカ西海岸系のロックな気分も抜けないまま、過激なパンクやテクノ系にまで徐々に広がり、ＹＭＯ（イエロー・マジック・オーケストラ）の影響で髪はテクノカット、メガネはプラスチックぽい透明フレームのいかにもデジタルな印象のを掛けて、反体制を装ったロック少年が一人、広告のコの字も知らずに大手広告代理店に入社したのです。

新入社員研修が終わるとすぐ、今は亡きアートディレクター鈴木八朗さんのアシスタントの任務に就きました。ＪＲが国鉄だった頃、いい日旅立ち、フルムーンキャンペーン、ディスカバー・ジャパンなど歴史に残る名広告をつくった人である鈴木さんは、私があまりに広告について無知なことに思わず微笑んでおくしかないようでした。つまりは呆れ返りながらも鈴木さんがアシスタントとして使ってくれたその半年間は、私にとって衝撃的な日々の連続でした。企画もアートディレクションもプレゼンテーションもコピーも写真撮影も版下制作も文字をつくる細かい作業も、何から何まで一人でこなしてしまう鈴木さんの仕事ぶりに呆然となった私は、プロのアートディレクターはやっぱり凄いと、つくづく思い込まされていたのです。

ある日などは、自分の席から隣りの鈴木さんのデスクをそっと覗き込んでいて、五百点あまりの自ら撮影してきたばかりの35ミリのポジフィルムを即座に三十点ほどに絞り込むなり、それらの写真をアッという間に一枚のポスターとしてコラージュするのを目撃しました。で、この日の私の役割は、写真や文字などを拡大したり縮小したりするためのトレスコープなる専門的な装置を使い、鈴木さんの指定通りに三十点ほどのポジフィルムを、トレーシングペーパー（半透明の紙）に拡大して鉛筆で輪郭を写す作業。機械の下部にポジフィルムを設置して、さらにその下から光を当て、上部のガラスのテーブル面に映し出された画像を、テーブル面の両サイドに付けられた丸いハンドルを回すことで、右手で拡大縮小し、左手ではピントを合わせるという、デジタルカメラとパソコンが普及した今や過去の遺物と化した代物です。

機材が暗幕で覆われた中は暗く、まるで暗室のような空間で、せっせと写真をトレーシングペーパーに指定通り写したアタリを鈴木さんに渡すのです。印刷所に入稿するための原稿は「版下」と呼ばれ、厚い台紙に文字や写真のアタリを貼った上に、もう一枚被せたトレーシングペーパーに色指定をしていた頃でしたから、鈴木さんは私が写したアタリを、次々に版下に貼り込んでいきます。トレーシングペーパーに私の描いたのは鉛筆の線画なので、色はありません。にもかかわらず、それらのアタリは台紙にすばやく貼られていく。それぞれの写真の色具合は鈴木さんの頭の中にしっかりあって、出来上がりを隅から隅まで想像しきって作り上げていたのです。一週間ほどして初校（確認するために最初に出る仮の印刷紙）として刷り上がってきたものを見ると、もう見事なまでに全体がひとつの画面になっている……。

これがプロとして当然あるべき姿なのかと感じ入っていたところ、半年して鈴木さんが別の局に移り、同時に私も別の部署に異動してから、鈴木さんの仕事ぶりは並大抵のものではなかったのだと気づかされるのです。

次の配属先は、言わば通常の広告代理店の制作業務を粛々とこなしている部署で、鈴木さんが作家的なアートディレクターだとするなら、こちらはまさに広告のプロフェッショナル集団の趣。まあ粛々と、とはいっても、仕事相手との電話で腹を立てれば太いコードで繋がっている重い受話器をダイヤル式の本体に投げつけてしまうような、それはもう熱い時代でしたし、なかなか刺激的な部署でしたが、ここに移って初めて、鈴木八朗さんという人が天才肌の、大手広告代理店という組織の中にあって、完全に一匹狼の存在だったことを知りました。

電通では、いくつもの部署がいくつかの大きなクライアントの仕事をそれぞれ抱えていました。また、これは別の代理店の仕事ながら、力のあるアートディレクターがつくるサントリーの広告は当時から素晴らしく、お中元やお歳暮の頃に駅に貼られる大型ポスターなどが人目を惹いており、サントリーは若いアートディレクターなら誰もが憧れるクライアントでした。もちろん私もその例外ではありませんでしたが、配属された部署が担当していたのが、なんだか垢抜けないイメージのニッカウヰスキーだったことが、運命の出会いになろうとは。

ともあれ、好き嫌いなど言っていられないのが仕事の現場であり、与えられた課題を次々にこなさなければならず、モタモタ考えている時間はありません。私はこの部署で、ありとあらゆる紙の媒体を担当させられました。ニッカの全商品が載ったカタログやチラシ、雑誌広告、新聞広告、ポスター、電車の中吊りなど。もちろん広告の企画段階から参加し、アイデアを出す訓練もさせられました。明日までに何でもいいから五十案考えてこいと夕方に言われ、寝ずにラフスケッチを描いたことも。五十のラフの全てをバリエーションではなく、まったく別の方向性で描くのはけっこうキツい作業ですが、頭を次々に切り替える訓練になったように思います。

新聞でよく見かける天地八センチ×左右五センチくらいの小スペースの媒体、言うところの「突き出し」は、よその部署だと外注で済ませてしまうのがふつうでしたが、これも訓練のうちとばかり、徹底的に細かくレイアウトさせられたのみならず、版下の文字組みも満足にできないようではデザイナーとして半人前以下だぞとのことで、版下制作専門の外部プロダクションにしばらく出向させられたものです。来る日も来る日も、文字をひとつひとつピンセットで詰めたり離したりする細かい手作業の連続。そういう職人的な技術がしっかり身につくまでは戻ってくるな、何もできもしないおまえみたいなヤツが座る席は電通にはない！　と先輩コピーライターに恫喝されました。かくて一日中、天地二ミリくらいの文字を〇・一ミリ以下の単位で右に寄せたり左に寄せたり、点や丸の位置をほんの僅か文字に寄せたり離したり……。夜中に仕事を終えて顔をあげ仕事場を見回すと、しばらくは遠くにピントが合わないなんてことはしょっちゅうでした。

その頃、すなわち八〇年代の初頭には、あたかもイラストレーションの仕事が広告の隆盛と共に注目され、若いイラストレーターが数多く世に出ました。美術大学出の私にも、もしかすると何か描けるかもしれない、ひょっとしてイラストレーションで有名になれるのではと、心は大いに揺さぶられます。日中、広告アシスタントの仕事をしながら、夜はアパートに帰って黙々とイラストを描くなどして、多くのイラストレーターが輩出し、注目されていたパルコの「日本グラフィック展」なる公募展に二年続けて出品してみたものの、入選にも至らず、一次審査での落選でした。それならと、専門誌「イラストレーション」に何度投稿しても、ちっとも選出される気配はありません。休みの日にはアパートの部屋で、描いたイラストを一人眺めながらボーッとしていました。ダメかもしれないけれど突然誰かが見つけてくれるんじゃないかなどと勝手な空想をして。さすがに自分にはイラストレーションの才能はないようだなと思い知らされたその時、ある事実にはたと気づきました。

私は、これじゃダメだなと思うとあっさり絵の描き方を変えてしまう。次々に、まったく違う描き方をしてしまえる。何のこだわりもなく、平気で。つまり自己表現へのこだわりがまるでない。これでいいのか。イラストレーターとしてはダメではないのか。そもそも私は本当に絵を描きたいのか。ひとつの手法でイラストを描き続けることに向いていないのだと、あれこれ描いてみてつくづく気づいた次第です。

このように気づいてからというもの、私の気持ちの中心は、夜の自室で格闘するアートの世界から、昼の広告制作の現場での細かいデザインの仕事へと移っていくのでした。いくら描いても誰にも認められないイラストレーションに、自分の才能がないのは目に見えており、ならばデザインの地味な作業をコツコツ続けていけば先があるのではと、他に選択肢はないのだから、同じ状況に置かれれば誰だってこう考えるしかないでしょう。ただし、デザインの道に進むには、しっかりとした基本をじっくり身に付けるための時間がたっぷり必要なことだけははっきりしていました。私は焦りそうになる心をグッと抑え、

「急ぐな」と自分に言い聞かせました。

ある文字をなぜ○・一ミリ右に寄せるべきなのか。いったいなぜそのままではいけないのか。そこには誰にでも分かる理由や意味がなければならないのではないか……。なんとなく感覚的に絵を描き、自由奔放に筆を走らせることよりも、こんなふうに自分を追い込みつつ、紙の繊維までが見えてしまうほど顔を小さな文字に近づけて、先が細いピンセットで一文字一文字、剝がしては貼り付ける地道な仕事に魅力を感じていくのです。

入社して二年半ほどが経った頃のこと、私はニッカの広告制作を担当していて、ふと思ったことがありました。どうも自分には飲みたいウイスキーが一つもないな、と。ニッカはそれ以前から味には定評のあるメーカーであり、酒の味もろくに知らない若造が生意気にも味に意見したかったのでは毛頭ありません。ウイスキーなるものが醸し出す重厚でどこか物々しい雰囲気が、若かった私には受け入れ難く、だからニッカ以外のメーカーにだって飲みたいウイスキーがあったわけではないのです。

事実、若い世代のウイスキー離れが始まっており、カクテルの台頭や焼酎の復権など、多種多様な酒が巷を賑わせ始めた中にあって、ウイスキーはいつの間にか時代遅れの印象になっていました。そこで各ウイスキーメーカーがこぞって若い世代に照準を合わせて考えたのは、アルコール度数を低めに設定した飲みやすいウイスキーを、との戦略でした。各社この戦略に多額の媒体費を投入してテレビコマーシャルも打ち、世の若者を取り込もうとした。成功した例もあるにはあったでしょうが、たまたまニッカの広告を担当していた私は、飲みたいウイスキーが一つもないのと同時に、洋酒業界のそんな傾向にもはなはだ疑問を感じていました。

若ければ、ボトルに入った製品の段階から薄められたウイスキーを飲みたがると思うのか。いかにも若者に媚びた商品など手に取りたくもない。私の世代の中には、若さ偏重の社会の傾向に反発を覚える者が必ずやいるはずだ。その確証はなかったけれど、自分の肌で感じ取ったリアルさだけが頼りでした。いい大人が未熟な若者に迎合する、節操のかけらもない態度に接するにつけ、激しく嫌悪をすら感じていた私は、日本をもっと大人の社会にしなければ、と本気で考えこまざるを得ない、そんな心境になっていたのです。

この頃の私が好んで聴いていた音楽は、前述の通り、バンド活動の時分のアメリカンなロックからはいささか離れ、パンクやテクノ、ニューウェイブ、さらにはベルギーのクレプスキュールレーベル出身のミュージシャンたちなど。これらの音楽が持っていた魅力はいったい何だったのでしょうか。抽出されるキーワードは、反逆、過激、模索、実験、解体、再構成、デジタル、アナログ……。好みの音楽が私の思考にも大きな影響を与えていたことは疑いようもなく、ロックから嗜好の傾向がやや移ったとはいえ、既成概念に疑いを持つ姿勢に変わりはないどころか、ますます強固になっていたようです。表面的には時代性を適度に取り入れて穏やかさを装いながら、内面では社会を解体、再構成すべきだとの強い想いが、静かな怒りにも似た過激な感情にまでなっていました。それも、壊して若々しい社会を、ではなく、壊して大人の社会にしたい、と。この問題意識は学生の時にはなく、明らかに社会人になってから急激に膨らんだものです。

そんなある日、自分には飲みたいウイスキーがまるでなくてと、素直な感想を部署の先輩アートディレクターにさり気なく伝えたところ、入社して何年でもない半人前デザイナーの意見になど耳を傾ける必要もなかったはずなのに、思いがけない言葉が先輩から返ってきました。

「じゃあ卓は、どんなウイスキーだったら飲んでみたいんだ？」

そして、今の仕事に繋がる、私にとって大きな意味を持つ言葉がこれに続きます。

「与えられた商品の広告じゃなく、商品としてのウイスキーそのものから考えてみる気はないか？　もしその気があるようなら、自主プレゼンの場を設けてやってもいいぞ」

自主的にプレゼンテーションする、つまり、こちらから新商品を提案してみないか、と水を向けられたわけですが、これは当時の広告の概念を完全に越境していました。今でこそ広告代理店が商品開発に踏み込む場合があっても、八〇年代初頭のあの頃には、まだ見たことも聞いたこともなく、先方から依頼されての仕事ではないので「予算は出ないけどね」と笑いながら付け足された時、小さな頃から模型作りなどが大好きだった私は、提案の準備なら予算をかけずとも、私の手づくりでも十分にできると直観して、迷わず「やってみたいです」と即答していました。

かくして、広告代理店として初の実験的な試みが動き始めます。

ニッカとの営業窓口は電通Y&R（ヤング・アンド・ルビカム）社が請け負っており、そちらの営業部隊も部長以下全員、この企画に懸ける決意で、こんな面白いことはダメもとでやってみようじゃないかとなって、さっそく窓口担当者は、この自主プレゼンテーションをニッカ側が受け入れる体制を整えてくれました。クリエイティブチームは、部署の先輩がクリエイティブディレクター、私は全体の企画、アートディレクションと具体的な諸々のデザイン、同期のコピーライターが一名参加しての、実にシンプルな構成です。また、少しでも企画の実現可能性を高めたく、ニッカ創立五十周年の記念すべき年に発売する企画としてプレゼンテーションすることになりました。

商品開発であるからには、もちろん中身のことを第一に考えなければなりません。意匠であるボトルのデザインと並行して、工場の取材を進めました。ニッカにおけるウイスキー造りの歴史や、何を基準に味を決めてきたか、どのようなモルトが今は樽に眠っているのか、できるかぎり状況を把握してよいアイデアを出し、じっくり検討したうえで提案すべきなのは言うまでもない。ニッカは、北海道余市と宮城県宮城峡に蒸溜所を持っています。北と南、この二つの蒸溜所で、それぞれの風土により味が絶妙に異なったモルトが熟成されます。それまでにも広告制作の目的で工場の写真撮影に行ったことはあったのに、不思議にも、自ら興味を持って伺う工場は、同じ場所のはずが、まったく違って思えるのでした。工場の責任者やブレンダーの話に聞き入ってしまうだけでなく、煉瓦造りの工場の質感ひとつにしても、何しろ興味深くてならない。気になることを次々に質問すると、待ってましたとばかり答えが返ってくる。それに対しても次々と質問したいことが湧いてくる。未知のウイスキーの世界に入り込んでいく作業は、面白くてならないのでした。

対象を理解すべく深く深く入り込んでいく方法は、次々に疑問を持てるかどうかに懸かっています。この頃から「分かる」だけでなく、むしろ「分からない」のほうが重要なのではないかと考え始めました。「分かる」「分からない」に気づき、さらに中へ中へと入っていく今の私の仕事の仕方は、この時から自然に生まれたことになりそうです。「分からない」のだと気づけば、誰もがそれを明らかにしたくなるのでは。その繰り返しによって対象を少しずつでも理解できる。つまり「分からない」から全てが始まることが、だんだん分かってきました。

　ましてや、この深く入り込む作業によって得られたニッカのコンテンツが、ほとんど世間に何も伝わっていない事実にも気づきました。これこそがまさにニッカなのに、これを伝えずして何が広告なのかと。媒体を何にするかより、タレントの誰を起用するかより、キャッチフレーズをどう工夫するかより、ロケをどこでするかより、何より、ニッカのこの本質的な世界観を伝えるのが本来の広告というものだろう。それは既存の広告媒体で伝えるより、このたびの試みの眼目である、商品そのものに反映させ得るのではないか、とも。

　樽が静かに眠る北海道余市の倉庫で、「ピュアモルト」に初めて出会いました。今まさに樽から出されたばかりのピュアなモルトは、ウイスキーの味などてんで知らない私にも、それは美味しく感じられました。通常のウイスキーなら幾つかのモルトをブレンドしたりしながら味を調整するものですが、私は、この樽から出したてのウイスキーの味そのものに魅力を感じてしまった。樽に仕込み、時間と自然とに委ねられて、人間が味の演出をしていない「そのままの味」に。

　そもそも味に自信があるのであれば、若い人向けだなどと言って薄めたウイスキーを出したりせず、まず、これをこのまま飲んでもらってはどうか。もちろんピュアモルトウイスキーの商品化なら、スコットランドあたりからの高額な輸入品など、すでに数々存在していましたが、安かろうまずかろうの、一見格好いいだけのウイスキーしか飲んだ例《ため》しのない日本の若い世代に、手頃な値段でこれをそのまま味わってもらうべきだと、スタッフ一同の想いは一致しました。

こうなると、ニッカの取材で感じていた、素朴・垢抜けない・洗練されていない・土臭い・そのまんま、といった通常ネガティブに感じられるキーワードも、ウイスキーの世界でなら必ずポジティブに表現できるはずだとの手応えをしかと感じていました。その全てが「美味しそう」なシズル（「唾液とデザイン」の章参照）に繋がるのでは、と。

蒸溜所に何度となく赴いて取材した折々に感じた印象を、こんな具合に忘れないうち短い言葉で言語化しておく。それは後々、発想の原点に繋がりました。その時に感じたことをすみやかに言語化し記しておくのは、デザインの作業においても、とても重要です。

私はパッケージデザインと共に、ネーミング、容量、値段なども検討し始めました。依頼ではない自主的プレゼンテーションなので、何から何までこちらで設定するのです。とはいえ、パッケージデザインを検討する際にスタッフ全員がテーブルを囲んで話し合う機会などは、私は一度たりとも設けませんでした。すべて私一人で黙々と進めました。パッケージデザインを監修できる人間など当時の広告代理店にはいなかったからで、制作の途中で余計な口をはさまれずに済み、結果的には好都合でした。商品開発の作業の進め方一つ、チームの全員が素人だから誰にも分からない。もちろん私にも分からなかったけれど、模型作りでは子どもの頃からかなりのものだったので、回転体のボトル形状なんて、複雑な飛行機模型などよりよっぽど簡単でした。アクリルの透明なボトル模型を制作会社に発注する折にも、ラベルの位置を想定して空きスペースを残しておいたり、趣味で集めていたアンティークのボトルを見本に出来上がりの印象を説明したり、描いた図面も回転体のボトルなら正面図のみと、中学の授業で習った程度の技術で充分で、どうすれば考えていることが相手に伝わるかを、自分なりに工夫すればよかった。誰も方法を教えてくれず、自分がクリエイティブでなければ先に進めなかったのは、ある意味で恵まれた環境だったのではないか。全てが手探りでしたが。

会社では、周囲の人は当然ながら広告を制作中であり、皆さん不思議そうな目で私のしていることを見物するのでした。透明なアクリルの塊を前に、さまざまな形のラベルを充ててみては取り替えるなどしている姿を見て、ある人からは、「卓ちゃん、なんとも楽しげに仕事してるね」と冷やかされました。まるで趣味の模型作りをでもしているように見えたのでしょうが、それは半分以上当たっていたのでした。こんなに楽しい作業を広告代理店ですることになろうとは思ってもいなかったので、何とも痛快でした。ボトルはいろんな形のラフスケッチを描いたものの、それより、好きで集めていたアンティークの空ボトルのほうが、そのままで圧倒的に魅力的なのでした。「アンティークの空ボトルを買い集める」行為を客観的に考え直してみるなら、人は空になったボトルであっても、それが魅力的であればお金を出してでも購入するのです。

　ならば、ウイスキーを売るためだけのボトル、飲み終えたら捨てられるのが前提のボトルデザインではなく、飲んだ後にもそれ自体が魅力的な物としてあり続けるボトル、別の用途でまた使いたくなるようなボトルデザインを、あらかじめ考えてはいけないものだろうか。そんなはずはありません。そこで、自分でコツコツ集めたボトルをシゲシゲと眺めてみると、魅力的に思えるボトルには共通点があり、そのいずれもがなんでもない形の素朴なボトルでした。まるで理科実験室の棚に並んでいるような、硝酸や硫酸が入った薬瓶めいたボトルが、なぜか魅力的なのです。アンティークのボトルは傷が付き、どこかが欠けていたりするのに、その「何でもない感じ」がいいのだと気づきました。さらに分かったのは、人に見せようとの演出が一切なされていないということ。つまりは買ってもらうための顔をしていない。

商品は通常、人に見られることを前提に、周囲のあれこれよりもっと秀でて目立つようなデザインがなされています。まるで商品が「私を見て！」と叫んでいるかのように。街で暮らす我々は、そんなデザインに囲まれた環境の中で商品を選ぶことになっているのです。

対するに、理科実験室の棚に置かれた薬品ボトルは、売らんがためのデザインなどなんらされているはずもなく、いたって機能的かつ丈夫につくられています。でも、デザインをしていないのではありません。薬瓶として使い勝手がいいように、ちゃんと誰かがデザインをしているのです。にもかかわらず、いかにもデザインしてますの顔つきをしていない。集めたアンティークのボトルを眺め返しながら、デザイナーを志している自分が、デザインをあらわにしないものに惹かれている事実に気づきました。正確には、この時に気づいたのではなく、集めながら自然とそのような物に惹かれ、それらをあらためて並べてみた時に、共通項が言葉になったのだと言うべきかもしれません。

自分のラフスケッチは、なんだかどれも違うなと思えてきました。デザイナーはどうしても、真っ白なキャンバスに自分のデザインをしようとしてしまう。自由に、いろんな形を描いて。この、いろいろ描けてしまうことそのものに疑いを持ったのです。

ひとつの商品をメーカーが出すとは、会社の顔がひとつできることにほかならないのです。工場のラインも整えなければならない。売ってビジネスを成立させなければならない。購入していただく方に何らかの満足を提供しなければならない。資源の調達はじめ多大な準備をしなければならない。そうした厳しさの中で新たな商品をつくる時に、どれでもいいことなどひとつとしてあり得ない。これしかないところが必ずどこかにあるはずだ。なんとなく「まあこんな感じじゃないだろうか」ではなく、「これでなければならない」ところに追い込んでいく。そして仕事とは、かくあるべきではないのか。

ネーミングについてもとことん追い込んで、「ピュアモルト」そのままがいいとなりました。バブルに向かって経済が駆け上がっていた時代で商品開発も積極的に行なわれており、面白おかしいネーミングが氾濫していましたが、それとは正反対の方向をあえて選んだのです。ネーミングらしいネーミングもせずに商品が成り立つのかと営業サイドから反論が出ました。第一ピュアモルトは一般名称なので商標登録ができず、後追いで真似されても文句は言えない、と。確かにピュアモルトは誰でも使用できるにせよ、「ニッカ・ピュアモルト」は他の誰にも使えない、それで何が問題なのかと私は問い、何ら問題はないとすぐに理解を得ました。

容量については、輸入ウイスキーなどは七二〇ミリリットルが一般的でしたが、少なめの五〇〇ミリリットルを提案しました。核家族化が進み、一人もしくは二人くらいで飲む機会が増えているであろうとの予測から、少人数で比較的気持ちよく飲み干せる量であること、また七二〇ミリリットル瓶では女性には大きすぎると思われ、女性に持ってもらってちょうどいい大きさと重さ、それが五〇〇ミリリットルでした。

そして重要なのが値段の設定です。私を含めた若い人は、どのくらいの金額だったら出しやすいだろうか。そこで思いついたのが、私もよく購入して聴いていたLPレコードの値段。「ジャケ買い」なる言葉もこの時代に生まれ、ジャケットのデザインがいいと中身を聴かずに購入する人が多かった。すなわち、いいと思った物に出しやすい金額の基準にLPレコードがありそうで、当時の日本版LPレコードの金額は二五〇〇円くらい。

商品開発では、競合他社の同類商品を並べて比較検討するのが通例でしょうが、それはやめにして、二五〇〇円で手に入る物や事を思いつくまま書き出してみました。映画を見てお茶して帰るのも約二五〇〇円。本を購入してランチを食べ、デザートを口に運びながらゆっくりその本を読むのも約二五〇〇円。二五〇〇円で経験できるあらゆる物事がこのたびの新商品の競合相手であると設定してみたわけです。

一本の映画に感動し、その後の人生に大きな影響を受けることはよくあるものだし、一冊の本を読んだことで、生き方が変わる場合だってあるはずなのです。人生の全てをお金に換算できるわけではないと充分承知しつつ、二五〇〇円がきっかけで生まれる価値は計り知れないことを今一度確認し、スタッフで共有しておきたかった。ウイスキーを一瓶、飲んで酔えさえすればそれでいいのか。もっともっとできることがあるのではないか……。

このような視点の導入によって、旧来のウイスキーのあり方からも解き放たれたのだと思います。それが、飲んだ後のボトルがまた素の瓶としてあり続けられるように、あらかじめリユースを考えたボトルデザインを強力に後押ししてくれ、飲んだあとラベルを剝がしやすくするために、水性の糊を使うアイデア、ボトルの首の部分にネジ山が残ると素の瓶にはなれないので、コルクの栓にするアイデアも生まれました。封入する箱の中には、PURE MALTのロゴしか印刷されていない、空欄を広くとったラベル型シールが入っていて、酒場でのボトルキープの際に名前を書けるだけでなく、ピュアモルトについての蘊蓄が印刷され折り畳まれたクラフト紙でボトルを包み、このラベル型シールでとめることで、誰かにこのウイスキーを贈る時にはメッセージも書けるようになっている、といった、それまでになかったウイスキーを設計していきました。

いよいよプレゼンテーションするにあたっては、一案だけ提出したのではクライアントに検討の余地を与えないことになってしまうので、もう一案追加しました。こちらは全く逆の方向、いかにもデザインをして、いかにものネーミングを考えて。

さらには、若者にこそピュアモルトを、といきなり提案しても、にわかに聞き入れてはもらえなかろうと当然ながら予想されたので、若い世代の衣食住をめぐるありとあらゆる事例を、スライド画像を含めた解説付きで準備しました。クライアント上層部に、どうすれば我ら世代の価値観を伝えられるだろうか。マーケティング調査の結果や概念的な説明ではまず無理だと考え、ごく日常的なありさまをできるだけ具体的に見せて語る方法をとったのです。

例えば、ヨレヨレになった一枚のTシャツの画像。そこに「一度洗濯すると首回りがヨレヨレになるものが心地よい」とナレーションが入り、何度洗っても首回りがしっかりしたTシャツと、ヨレヨレのTシャツを比べて見せる。年配の人の常識からすれば、すぐヨレヨレになるTシャツなんていいわけがないと決めつけているところに、よしとする感覚がまるで逆になっている事実を視覚的に伝えていく。

インスタントラーメンやハンバーガーにだってこだわりがあること、新築の綺麗な部屋よりも少し古びた部屋を改造して暮らすのがスマートだったり、アンティークが好まれる傾向があったり、メガネはひとつでなくいくつも持っていて服を着替えるかのように取り替えたり、音楽の嗜好や酒の飲み方の多様化についても。

私は何を目論んでいたのか。それは、決定権を持った方々の充分な理解を得ることではなく、彼ら年長の経営層のものとは全く違った価値観をもった世代が生まれているのだと

PURE MALT
PRODUCT OF NIKKA

肌で感じてもらうことでした。若い人たちに届く商品をつくるのには、どうも我々の古い価値観だけでは足りそうもないぞ、と。まして若い奴らには薄めたウイスキーを飲ませとけなど言語道断だと気づいてほしかった。ダメ元で自主的に行なっているプレゼンテーションなので、そんなに急いで判断していただく必要もなかったのですが、複数回のプレゼンを重ねるうち、経営層の方々の顔つきが微妙に変わってきました。それはまさに、自分には「分からない」と気づいた表情でした。そう見てとりながら、もしかするとこの仕事は日の目を見るかもしれないと思えてきました。「分からない」から全ては始まるのだとするなら。

並行して、本来なら電通の本領発揮の広告宣伝については、媒体費が莫大に掛かるテレビCFは一切せず、その分の費用は少しでも多く商品開発に充て、必要最低限の紙媒体のみで新商品を知らしめていく戦略を立てました。広告代理店がテレビの媒体費でどんどん稼いでいたあの時代に、本来ならあり得ないプレゼンでしたが、これはいい、面白い、と思った人が周囲の誰彼に伝えてくれる、社会が内在させているそんなコミュニケーション力を活用すれば、大した予算も掛かるまい。今ではツイッターやfacebookで情報が人から人へ一瞬にして伝わりますが、そのポテンシャルは、電子メディアが生まれるずっと前からあったのです。人から人に伝わるこうした情報のほうが、一方的に流されるテレビC

Fよりも実は遥かに信頼性が高く、真実を伝える力を持っているのではないか。

とこうするうち、入社から三年が経とうとしていました。ピュアモルトのプレゼンへの返事はまだありません。社運を掛けて新商品を世に送り出すまでには、いくつもの難関をクリアしなければならないし、依頼があって開発した商品ではないので、製造せずとの判断も、もちろんあり得る。

ニッカからの返事を待つ間に、私は電通を辞める決意をしました。実は入社する前から、会社員生活は長くても五年、短ければ三年と決めてあったので。元々、広告に憧れていたのではなかった私は、色々な物事に挑んでみたいと様々に想い描いていました。将来ちゃんと食べて行けるかどうかはまるきり頓着せずに。すでにイラストレーションの道はきっぱり断念していましたが、今、じっくり歩き始めているデザインの道で、広告ではなく、もっと広く、深く色んな事をしてみたい……。上司に素直な気持ちをそのように打ち明け、理解を得て辞めさせていただくことになったのです。鈴木八朗さんから自主プレゼンの道をつけてくれた先輩アートディレクターまで、お世話になった全ての方々に心から感謝しつつ。

私は、こうしてデザイナーになりました。

それは私が有給休暇を消化中のことでした。ついに「ニッカ・ピュアモルト」にゴーサインが出たのは。その知らせには胸が高鳴り、しかし嬉しさと同時に、大失敗するかもしれない重圧を感じた瞬間でした。何から何まで手探りで積み上げながら、先がどうなるかさっぱり分からない、足跡のないところを、さらに歩いていくようなものなのですから。というのも、私はこの仕事をたずさえて電通を辞めることになったからです。その理由は簡単で、私が中心になって進めてきたこのプロジェクトを、私に代わって進められる人が社内にいなかったので……。辞めた次の日に、ミーティングのため外部デザイナーとして電通の門をくぐるのは不思議な感覚でした。昨日まで私を「オイ！」呼ばわりしていた先輩が、この日からは「佐藤君」と声を掛けてくる。ああ、対等の扱いになったんだなと感じました。

かくて一九八四年の暮れに近い頃、「ニッカ・ピュアモルト」は発売されました。発売当日、酒屋に本当に置いてあるものなのか、ドキドキしながら確かめに行ったのを覚えています。実験的な試みが様々込められた商品が、ちゃんと人に届いてくれるのだろうか……と。そんなこと、発売初日に分かるはずもないのに。一週間、二週間と時間が過ぎたある日、ニッカ担当の電通Y＆Rの営業から電話がありました。

「佐藤君、売れているみたいよ、ピュアモルト」

初めて味わう格別の喜びでした。フリーになっての初仕事だったのでなおのこと。これで少しは食べていけそうだと思いました。実験的な発売で、限定販売の形をとっていましたが、早々に売り切れそうだとの報告でした。さらにしばらくして、青山のとあるお洒落なブティックの床に「ニッカ・ピュアモルト」の空瓶が何本も並べてあるのがショーウィンドー越しに見えるではありませんか！　おもむろにその店に入った私は服飾の品々に目を向けることなく、床に並んだ空瓶だけを斜め上からしばし見下ろしていました。しみじみと。店員さんは、さぞいぶかしんだことでしょう。自分が想定していた事物が、次々に現実となって目の前にある。しかも一度は完全に私の手を離れ、工場で造られ、流通に乗り、店頭に並び、誰かが買ってくれて、どこかでウイスキーを飲んでくれた後、空になったボトルをお店の床にそのまま置いてみたいと思ってくれたのです。最早自分から遠く離れ、商品として自立している子どもに再会したような想いでした。私は空瓶に、「おまえよかったな、捨てられなくて。だから言っただろ、いかにもデザインしていたら、今頃捨てられてたところだぞ」と、心の中で語りかけていました。

塑《そ》する思考

柔よく剛を制す――。よく知られているように、しなやかな柔軟さが一見強そうな堅さを結果的には負かしてしまうものだ、を意味するこの言葉は、人生における他者への向き合い方にとかく当てはめられますが、「柔」が、さらに二つの性質に分けられることは、あまり知られていません。

その二つとは、弾性と塑性。弾性は、「弾力がある」といった表現で割と耳にすることがあるにしても、塑性のほうは、あまり見聞きしたことがないのでは。どちらも柔らかさではあるものの、その実質は正反対と言いたいほど違っているのです。

弾性とは、外部から力が加わって形を変えても、その力がなくなれば元の形に戻ろうとする性質。例えば釣り竿のように。対する塑性のほうは、外部からの力で凹むと、そのままの形を保つ性質なので、加わった力次第でそのつど形状を変化させます。弾性は釣り竿のほかキッチンで洗い物に使われるスポンジだとか、近頃なら形状記憶合金など。対する塑性は粘土や金属一般その他です。彫刻における塑像なる言葉も、粘土が自由に形を変えられる素材であることからきています。弾性と塑性の、どちらも柔らかさには違いないのですが、外部から力が加わった後のあり方がまるで異なります。では、剛を制すとされてきた柔は、果してどちらか。元に戻る弾性か、凹んだままの塑性か。

人生訓上の「柔」は、これまでほぼ前者の「弾性」をイメージして語られてきたのではないでしょうか。いかなることに当っても自分を見失うな、常に自分の形を忘れず、自分に戻れ、といった具合に。おしなべて「弾性」的な方向での自己実現を目指した教育を受けてきたようにも思います。

これに対して「塑性」を人生になぞらえてみると、自分の形などどうでもよく、そのつど変化してもかまわないのだ、となり、そんな投げやりな生き方でどうする、もっと自分を大切にしろ！　とお叱りを受けかねない。なるほど「自分の形を持つ」ほうが、一見まっとうな生き方のように感じられます。しかし、そもそも自分とは何なのでしょうか。自己意識はどこから来て、なぜ自分は今ここに存在するのか。人生のそんな基本についてまるで分かっていない自分に、どんな形があるものなのでしょうか。自分を分かっていない自分が自分の形をどう決めるというのでしょうか。私には、若い時分から今に至るまで、自分とは何かを考えれば考えるほど、さっぱり分からない。ところがこの分からないまま自分など考えないのが、自分にとっては良好の状態らしいと、この歳になって気づき始めています。何を考えているにしても、すでに考えている自分が存在するのだから、自分なんてまったく気にかける必要はなく、そのつど与えられた環境で適切に対応している自分のままがいいのではないか、と。

ところがデザインの仕事では、とかく個性的な表現を求められる傾向があるので、自分らしさとは何かと考えざるを得なくなる。そこで、自分＝自己＝自我について考えてみたいと思います。

思えば自我は厄介なものなのです。普段の生活で、習慣としてほとんど無意識に顔を洗ったり歯を磨いたりする時にはひっこんでいる自我が、いざ何らかの目的のために「考える」状態に入ったとたん、俺が俺がと顔を出し始めます。正確には無意識にも自我はあるそうですが、ここでは、自分を強く意識した状態としての自我を捉えてみます。そうした意味での自我は、「自分」を意識するスイッチが入った瞬間に目覚めるのです。そして自分が意識されたとたん、困ったことに自我は我欲と直結してしまう。

デザイナーがもし、目的も課題もはっきりした仕事においても、自分はこの課題で何をやりたいのか、どうにか自分らしくできないだろうかと、まずは「自分」を意識しながら思案を繰り返せば、どうしても、自分が好むか好まないかに志向は傾きます。そして、例えば次のような選択をすることになる。A案よりB案が好きで、C案はさらに好きだけれど、それよりD案のほうがもっと好きだから、これにしよう……。「好きなこと」へのこうした志向は、自分中心の自我の強い表れだと言えます。なぜなら、何かを好きと思うかどうかは人それぞれの価値観の問題で、誰もが同じものを好むとは限らないのに、あたかも俺の「好き」にさせろ、私の「好き」を理解しろ、と言わんばかりの仕事ぶりだからです。ごく稀に、個人的な趣味をそのまま仕事として成立させている人がないではありませんが、世の中のほとんどの仕事は不特定多数の人々のための営為であって、自分の「好き」のために世の中が回っているわけではないのです。ところが自分の「好き」を基準にしてしか仕事ができない、つまり「我欲」をコントロールできないまま社会人を続けようとしてうまく行かずに悩んでいる人は少なくない。そんな悩める人に向かって「好きなことを自由にやればいいんだよ」などと、世間は無責任な追い打ちまでかけるので、悩みが解決するはずはありません。

ちなみに「好き」を、「素敵」とか「格好いい」に置き替えても、結果は同じです。自分の好き、自分感覚の素敵、自分にとっての格好いいを基準にしてしか仕事ができない、自我を通すのを最優先していることに違いはないのですから。

女性であれ男性であれ、人は自然体でいる時には自分についてなどおよそ意識していないにもかかわらず、自我のスイッチが入ると、たちまち自分を意識化して、感覚的にも理論的にも自己肯定しようとします。人に自意識がある以上いたしかたないのかもしれませんが、仕事で自我が芽を出したなと気づいた時に、できるだけ早くその芽を刈り取るべきです。誰にでも一人前の自我があり、仕事においても気を抜くと自我はたちまち芽を出す。その具体例は「パッケージデザインの現場」の章で語っています。わが身からはえ出た自我の芽に気づかず、刈り取らないでおくと、さらにそれを守ろうとする自分が現れる。怖いことです。こうして自我の根が深く張り、自我のために都合よく周辺から養分を吸収して理屈を組み立て、幹はどんどん太くなり、「自分」という大木にまでなってしまうとこれを自分自身で切り倒すことはなかなかできません。だからこそ、なるたけ早く自我の有毒性を自覚する必要があるのです。

自我が出すぎていないかどうか自覚するためには、折あるごとに自分を疑ってみなければなりません。何かよい案を思いついても、その直後に、これは第三者にもちゃんと伝わるのだろうか、と自分を疑ってみる。自画自賛に陥ってはいないだろうか、と。なぜなら、どんな仕事でも本来、こちらの自我をあちらの他者に押し付ける所行ではなく、多くの人々と共鳴するところを冷静に感じ極める作業だからです。もちろん対象によってその程度は異なるし、自分の想いの丈をぶつけていい場合もあります。

例えば自己資金で限定十個の作品を販売するのなら、自我を抑える必要などないでしょう。自分の想いを存分にぶつけた作品に共鳴してくれる人が、この広い世の中に十人くらいなら存在するはずだからです。たとえまったく売れなくても、その責任は自分でとればいい。あるいはその人の作家性を期待されて仕事の依頼を受けたのなら、思いっきり自分がやりたいだけやればいい。ただし、予算や制作期間の問題などで関係者に迷惑を掛けることは、むろん許されませんが。

では、道路標識のデザインはどうか。この仕事を任されたデザイナーの自我はどのくらい必要でしょうか。公共のサインである道路標識は、言葉も価値観も視力も、文化的背景すらも異なる人たちがほんの一瞬見て判断するグラフィックデザインであり、場合によっては命にかかわるものなので、できる限りの普遍性が求められます。つまり、道路標識をデザインする人の「自我」は、どこからも求められてはいないのです。同様のことは、老若男女誰にでも使用される可能性がある嗜好品などについても言えるし、使用する素材の資源の問題やコスト、使用済みになった後の処理にまで考えを及ぼすとすれば、自分勝手が許される余地などどこにもないのではないでしょうか。

このように、対象によってなすべき内容が異なるのだから、与えられた仕事がどんな環境にあるかを客観的に把握しなければ。それでも、無意識にも自我はあるとすでに記したように、自分を意識していなくても自我は出てきてしまうものなので、自分のしていることを客観的に見るのはたやすくありませんが、常に相手や周囲の環境を優先し、それらを客観的に理解する習慣がつくと、厄介な「自我」の呪縛から解放され、楽になり、なすべきことが浮かび上がってくる。それは対象から自ずと表れ出てきたもので、主体は自分ではなく、飽くまで相手なのです。この方法が見えてくると、自我が描こうとする世界とはまったく異なった地平が拓かれます。そして「やるべきこと」が、無理なく「やりたいこと」に変換され、「やりたいこと」と「社会」が連動し始めるのです。

こんなふうに語ると、誤解されやすいことが二つあります。一つは、自我と個性の関係、もう一つは、自我と発想の関係です。

まずは自我と個性の関係について——。

自我を抑えると個性までなくなるのではと案じる人がいます。はたして個性とは、そんなに簡単に消えるていどのものでしょうか。結論から先に述べるなら、自我をどれだけ抑えても、個性はちゃんと出てしまうもので、それこそが本物の個性ではないか。自分のやりたい通りをやることでしか個性は出ないと思われがちですが、本来、個性は誰にでもあって、個性のない人など、この世に存在しません。声も顔つきも身体各所の細胞の数まで全く違う、それぞれ別の個体です。自我をどんなに抑えようと、親から引き継いだＤＮＡに各自の人生経験や知識が加わって、自分の思考には自分にしかない個性がある。個性が出ないなどいかなる瞬間であってもまずあり得ないのです。かえって、自分の個性だと思い込んでいることが、実は既存の物事から無自覚に影響を受けた焼き直しで、その人本来の個性を殺している場合もありそうです。つまり、表現以前の思考の段階がすでに充分個性的なので、個性は、それと意識していない状態のほうがむしろ出やすいのではないかとさえ思うのです。

なすべきことについてできるだけ客観的に思考し、見極めるところに、その人ならではの個性が出る。一般には、目に見える表現に個性があるとされがちですが、それは違います。表現以前のその人その人の思考、ひいては生き方や思想に個性は確実に潜んでいます。思想などないというのなら、どのようにないかにも個性がある。放っておいても個性はあるのに、さらにそこへ付加価値ならぬ付加個性を、だなどとしようものなら、傍目には、まるで我欲を塗り重ねているようにしか見えないことでしょう。

「個性を尊重する」とは、基本的人権を尊重することですから、もちろん大切ですが、これを、自我を押し通す権利であると誤解してしまうと、我がままが罷り通ってよいことになりかねません。

次に、自我と発想の関係はどうか。自我は抑えるべしと言われると、まるで物事を発想し、発案することまで抑えろと聞こえなくもない。しかし、そもそも発想とはどのようなものでしょうか。未知の事象が突如現れたかのように、「無」から何かを発想するなど、あり得ることなのでしょうか。絶対にあり得ません。必ず「それ以前」が存在します。つまり発想とは、今まですでにあったのに、繋がったことがないもの同士を繋ぐことです。例えば宇宙エレベーターという、それまで誰も思いつけなかった発想にしても、地球と大気圏外の宇宙ステーションをエレベーターで「繋ぐ」ことなのです。地球も宇宙もエレベーターも、すでに存在していたのですが、これらを繋ごうと発想した人は、それまで誰もいなかった。発想とは、ある目的のために今まで繋がっていなかった事物同士を繋げる試みであって、自分が「無」から純粋に生み出すのではけっしてありません。すでにあるのに気がつかずにいた関係を発見して繋ぐ営為、と言ってもいいでしょう。相対性理論しかり、ブラックホールしかり。だから、自我やら我欲を抑え、なすべき何かのために脳をリラックスさせて新たな関係に気づく、すなわち発想するのは、まったくもって素晴らしい出来事なのです。自我の表出と物事の発想とを、まったく別のレイヤーだと捉えるなら、自我など安心して抑えておけばいい。

私が育ったデザイン教育の現場でも、そこが芸術大学内のデザイン科だったことが大きく影響していたと思われますが、自分の表現を早く見つけなさい、自分らしさを自分で見つめなさいと、言わず語らず、そのように意識させられ追い込まれました。よって自我が強く、自己表現がなんなくできる学生がデザインを学ぶ現場でも「良し」とされてきた傾向があります。それはそれで確かにひとつの在り方であり、表現力を身につける方法であるのは間違いないのですが、本来デザイナーとは何をすべきなのかを考えた時に、デザインをキャンバスに見立てて自分の作品を描いている場合なのか、個の表現の前に、社会に対してまずなすべき課題を見つけるのがデザインの本質ではないのか、描こうとする前に、ここでは描くのがいいのか、立体にしたほうがいいのか、屋内であるべきなのか屋外なのか、はたまた他の事物との関係で見るべきなのか……、様々な可能性をできるだけ探る必要があり、その上でキャンバスに描くのが最良であると判断された時に、初めてどのように描くかの検討に入るべきなのです。表現力を身につけるだけでなく、デザインの社会的意味についても同時に学ぶ必要があると私が気づいたのは、社会人になってからでした。

作家として作品をつくることが社会的にそのままデザインとして機能する場合もごく稀にありますが、それがデザインの全てであると思われるのは困ったことなのだと、社会人になって気づかされたのです。それは本来、教育の現場でしっかり教えられなければならなかったことでしょう。給料を頂戴しながら勉強させていただいたことを、今では恥ずかしく思っています。社会人にもなって、他人に迷惑を掛けながら気づいていけばいいなどという甘い教育は、社会の迷惑なのです。イラストレーションを描くのが好きだからと、ただ描くことに奔走したとしても、その社会的意味を自ら考えてみなければ、社会に出ても何の役にも立ちはしません。

常に自分に帰る弾性的な生き方が良しとされ、そこに自我、個性、さらに芸術教育、何をやってもかまわないがごとくに歪められた民主主義、我がままの正当化には好都合の新自由主義が折り重なり、その傾向の影響は、本来、自己表現が目的ではないデザインの世界にまでも強く及んでいます。これでいいいわけがない。

長年デザインにたずさわってきて、仕事というものの基本は「間に入って繋ぐこと」だと確信するようになりました。デザインのみならず、あらゆる仕事という仕事の基本が、です。

何かと何かの間に入って両者を繋ごうとすると、当然、繋ぎ方はそのつど異なります。臨機応変の繋ぎ方を可能にするため、一定の形を持たずにおく、それこそが塑性による「柔」の姿勢なのです。ただし、塑性は第三者が見てすぐにこちらのアイデンティティを感じ取ってもらえず、言わば顔がない。対する弾性のように自分の形を持っていると、帰巣本能のようにそこに帰っておけば安心でしょうが、帰る場所がない状態はかなり不安なものです。だから人は形をつい持とうとします。その形が自分が社会的に認知される効力にもなるのでは、と。

しかしながら、一つの自分の形を持ってしまえば、それ以外のあまたの可能性を狭めるのだと知っておくべきです。極論ではありますが、自分で自分は丸い人間であると表明するなら、たちどころに丸い仕事しか頼まれなくなるでしょう。私は赤いと言明したとたんに、赤い仕事しか来なくなるのは言うまでもない。人生は自然の豊かな移ろいと共にあるものなのに、人生をかたくなに変えず、丸く、もしくは赤く生き続ける覚悟がある人なら、それはそれでいいでしょう。でも、そんな覚悟をする必要や意味がどこにあるのか。そもそもデザインはありとあらゆる人間の営為に潜んでおり、ありとあらゆる物事と繋がっている。であれば、自分の形をつくるべきだとの選択肢しかない教育のあり方は、果して正しいのか。様々な仕事をしてきて、デザインとは何なのかが少し分かり始めて、こんなふうに思うようになりました。近代デザインは思考に始まり、当初は絵にして見せなければ伝わらず、表現と共に発展してきた歴史ゆえに、自己表現と結びつきやすかった背景があり、今まではそのあたりを曖昧にしたままでもそれなりに機能してきましたが、デザインが何をなすべきかが見えてきた以上、最早デザインはデザイナーの自己表現の場であってはならないのです。でないと、デザインはいつまで経っても本質を理解されません。もちろんデザインが、自己表現の場になり得ることを否定しているわけではないのです。何度も記しますが、それが適応するデザインもあります。しかし飽くまで自己表現はデザインの本質ではない、ということなのです。

粘土のように次から次へと潰されて形を変えられる存在になりたい人など、おそらくいないでしょう。何しろ、自分を大切にしろ、などとばかり教えられてきたので、にわかにそれがよいことだとは思えません。しかし、ある形を持っていなければならないと思い込んでいる自分の思考が変われば、何のことはなく、どうしようとも自分は自分であると分かるのです。自我なる概念に、とかく人は捕われがちですが、自我など捨てようが自分はちゃんとそこにいるのです。仕事では、今ここで何をなすべきかを見極めて集中する。自分にはこだわらず、次々に外からアイデアを取り入れたにしても、塑する思考（をする自分）が保たれていれば、自分を失うことなどあり得ません。

塑性的であるとは、社会の流れにただ身を委ねることでも、無闇に付和雷同することでも、ましてや世の中に媚びて流行を追うことでもなく、置かれた状況を極力客観的に受け止め、適切に対応できる状態に自分をしておくことなのです。生命科学になぞらえれば、あらゆる臓器に変化する可能性を持つｉＰＳ細胞のような状態に。そこには意思がないどころか、今ここでなるべき形になるのだという強い意思がしっかりとある。世の中に流されない冷静な判断の下、自分が今なるべきものになる。やりたいことを、ではなく、やるべきことをやる、の姿勢です。塑性的であれば、やるべきことが、まさにやりたいことになる、と言い換えてもいい。

一方、弾性的に自分の形、あるいはスタイルを持つならば、他者に自分を意識させ、すみやかに認識してもらうためにはなるほど効果的なのかもしれませんが、スタイルへの自意識によって何が起きているか。そのスタイルの丸さや赤さが自分を縛り、他者の先入観にも縛られざるを得ないのです。そうなれば、丸いスタイルを守るべきか、赤を壊すべきかと大いに悩まなければならなくなる。こんなふうなあり方が本当に自由なのでしょうか。やりたい、をやり続けることでかえって不自由になってはいないでしょうか。逆に可能性を狭めてはいないでしょうか。むしろ強い信念があればこそ、総体としての自分は決まったやり方や表現スタイルを敢えて持たずにおくあり方を思考してみてはどうでしょう。

私はデザインの仕事と人生の経験を積みながら、以上のようなことについて考え続けてきました。もちろん、ある課題を深く掘り下げて行くために、場合によっては一定の枠（＝形）をあらかじめ決めて（＝持って）おく必要があることまで否定するつもりはありません。逆に「デザインの解剖」などの章でも述べている通り、ひとつのことを深く掘り下げたくなると、ついのめり込むクセが私にはあります。なぜなんだろう？　いったい何が起きているんだろう？　次々に湧いてくる疑問をひとつ、またひとつと明らかにすることで、ある物事の本質に近づいていく……。思えば、何かの魅力にのめり込む時、人は我を忘れて対象に没入するのです。没入したまま客観性に立ち戻らないのでは仕事になりませんが、のめり込む、は塑性的なあり方を思考する上で何かしら示唆的なものを含んでいるようにすら私には感じられるのです。いったんは対象にのめり込まずに、どんなデザインが出来るというのでしょうか。例えば道路交通標識にも、なぜ、何、は必ずあります。そこをのめり込むほど見極めたデザインは、そうではないものとは有効性に大きな違いが現れるのかも知れません。むろん自分の形など消したうえで。

デザインは感性の仕事なのか？

デザインは「感性の仕事だ」と、この業界ではよく言われてきました。まるで感性がある人とない人がいるように思えてしまうばかりか、感性は特別な人にしか備わっていないといったニュアンスさえ感じられる。けれども、感性が必要ない仕事などどこにあるのでしょうか。感性がない人など、この世に存在するのでしょうか。私は若い頃から、この言い回しに疑問を感じてきました。デザイナーが、誰にでもある感性なんてものを売りにしていいのだろうか、と。

では、そもそも感性とは何なのか。それが外部からの刺激、あるいは情報を感受する能力だとするなら、周囲の環境から何らかを感じ取る力に差はあれど、まったくない人などいるわけがない。では、なんでこんな言い回しがデザイナーの間で語り継がれてきたのか。デザインを生業にするのがまだ当りまえではなかった時代に遡ってそれを想像してみると、少しは理解できます。

つい半世紀ほど前の日本では、まだまだデザインなる仕事は理解されていませんでした。私の父もグラフィックデザインに従事していましたが、請求書に設けた「デザイン料」の項目について、「これは何ですか？」と質問されることがよくあったようです。写真に撮影費があるのは理解されます。写真は目に見えるからです。ロゴに制作費があるのも理解されます。つくった痕跡が輪郭になって現れているからです。レイアウトも目に見える作業なので理解の範囲内だったでしょう。こうした目に見える費用以外に「デザイン料」の項目があっても、なかなか理解してもらえなかった時代に、デザインの社会的意義をすでに知得していたデザイナーたちが、依頼者に啓蒙的な姿勢で対するしかなかったであろうことは、想像に難くありません。あなた方はまだ分かっていないのだから、デザインについては我々デザイナーの話に従っておきなさい、といった具合に。ポスターの中に線をほんの一本入れるのにだって、その位置や長さ、太さや色をどうすればいいのかが分かる我々に、いちいち説明させたりせず、必要な感性が足りない人は黙って言うことに従いなさいと、一般人からデザイナーを区別して、自分たちの社会的存在意義を訴えていたのではないでしょうか。もちろん、これはやや極端な推測ですが、デザインへの理解が不充分すぎた時代に、社会に分け入っていくためには、そんな姿勢を押し通すことでデザインの道をこじ開け、開拓していく必要があっただろうと思われます。先達のそういった努力の延長線上に今のデザインがあるのだということは、我々世代のデザイナーこそ、よくよく理解しておかなければいけません。

それから幾歳月を経て、いい意味でデザインがごく日常的になった今、改めて考えてみるなら、感性なるものがどんな人にでも備わっているのはすでに誰もが知っており、デザイナーが上から啓蒙的態度で感性を看板にしていられる時代ではなくなりました。つまり、デザインの役割がすでに明らかになって、良くも悪くも、デザイナーの張ったりやごまかしはきかなくなったのです。

このような時に及んで、デザイナーと感性の関係を改めて考えてみるなら、誰にでもふつうに備わっている感性をさらに活かす能力、すなわち感じ取った内容を世の中に役立つなにものかに変換していく能力を技術として身につけているのがデザイナーの本分であるべきなのです。そうした能力を前提にしつつ、デザイナーはデザインの意味や役割りを明快に伝える表現を導き出す必要があり、当然そこには責任も生じます。

デザイナーとは、なんら特殊な職能ではなく、ごく日常の感覚に寄り添うべき仕事なのです。だからこそ、発想したアイデアを相手に分かる言葉で言語化し、はっきり説明する責任がある。何となくカッコよければとか、言わず語らずでも分かってくれるはず、では最早通用しません。そして考えてみれば、これはとても喜ばしい状況なのです。デザインへの誤解はまだまだあるとはいえ、デザインを社会がふつうに必要とするにつれ、少なくともデザイナーがなにやら特別そうな存在でなくなったのは確かですから。

ここで念のために申し添えておきますが、私はなにも「デザインは感性の仕事ではない」と言いたいのではもちろんありません。感性が必要ない仕事などあり得ないのだし、感性を持たない人などいはしません。そして感性を活かすための技術が、それぞれの仕事でそれぞれに必要なのです。その技術とは、聞き・話し・見せるコミュニケーション能力であり、発想する能力であり、具体的な形にする能力です。こうした技術、デザイナーとしての基礎を身につけるには、どうしても時間が掛かります。あらゆる物事と人の間に入って、その都度なすべきをなすのがデザイナーの務めですから、二度と同じ局面はなく、どれだけ技術を磨いても充分ではあり得ませんが、じっくり少しずつ総合力を身につけることで、感じて発想したアイデアを世に役立つものへと変換するための努力を怠ってはならない。言うまでもなく、この努力はデザインのみか、全て仕事というものに必須の条件でもあるのです。

「デザイン」の分類

近頃は、日常会話でも「デザイン」という言葉がよく使われるようになりました。「デザインがいいね」とか「このデザイン、可愛い！」などと。しかし、これだけ「デザイン」が蔓延している社会にあって、はたしてデザインとは何なのでしょうか。普段なにげなく口にする「デザイン」とは、何に対して発せられている言葉なのか。色ですか。形ですか。それとも嗜好や楽しさでしょうか。

本書の「はじめに」にも記しましたが、残念ながら一般的には、デザインは大きく誤解されている状況にあります。ここでは、デザインが一般社会にどのように捉えられているのか、その印象がどこから来ているのかを、「分類」の観点から検証して見えてくる問題点をあぶり出したいのです。

人類の歴史とは、分類して言語化する行為そのものだと言ってもよく、敵味方、国、動植物、我々の身体の諸臓器、等々、あらゆるものが人に関わって分類され、名前が付けられています。分類できなければ言葉にすらならないわけで、つまりは日本で「デザイン」が言葉としてこれほど日常的に用いられている以上、しかるべき分類がなされているはずなのです。そこをきちんと確認してみたい。

将来はデザイナー志望の若者が本格的に勉強しようと書店や図書館でデザインに関する本を探そうとする時、まずどこに分類されているのかを確認することになりますが、パソコンで検索すればすぐに分かるかと言えば、「デザイン」とか「分類としてのデザイン」であるとかで検索しても雑多な情報が大量に出てくるばかり、どの分類に入るかを見極めるのは容易ではありません。絵画や彫刻について調べたければ、ほとんどの人が分類の中から迷わず「芸術」か「美術」を選択するでしょう。重力について興味があれば「自然科学」か「物理」の分類から、小説についてはもちろん「文学」、政治や経済であれば「社会科学」、おそらく「政治」、「経済」そのものでの分類もあるはずです。では「デザイン」はどの分類に入るのか。

書店でも図書館でも、デザインの本が見つかるのは、たいがい芸術関係の本棚のあたりです。また、デザイン教育の現場に目を向けると、デザインの専門学校の多くは校名に「デザイン」の四文字がすでに入っていたりするので、分類に迷う必要もなさそうですが、これが大学となると、美術大学と呼ばれる芸術系の大学にデザイン科が置かれているのは、皆さんご承知の通りです。近頃は非芸術系の大学でも、システムデザインやデザイン科学などの専攻や授業が増えてきたようですが、おしなべてデザインは「芸術」に分類されています。ここに、デザイン誤解史の遠因があるのです。

既に述べたように、歴史とは、あらゆるものの分類・整理・命名の営為でもあるので、「デザイン」なる言葉と概念が欧米から日本に入ってきた当初、それまで行われてきた分類のどこに入るか入らないかを検討しなければなりませんでした。その際、いっそのこと大きな括りとして「デザイン」という分類を新たにつくろう、とはならなかった理由はよく分かります。新分類を立てるためには、それが既存のいかなる分類にも入らないことの検証が必須だからです。どうもハッキリしない茫漠たる広がりを持った「デザイン」という得体の知れない概念のために、分類をもう一つ用意するなど、当時は思いも及ばなかったでしょう。とりあえず分類のどこかに入れておくしかなかった。さもなければデザイン教育の場すら形づくれなかったはずですから、仕方のないことでした。

「デザイン」をなんとか分類しようと試行した跡が、現在、国内の図書館などで基準とされている図書分類法に残っています。その日本十進分類法（ＮＤＣ）を見てみると、大きな括りとして10類に分けられた1次区分表にも、10類から枝分かれした2次区分表にも「デザイン」は見つけられず、さらに細かい区分けの3次区分表になって初めて芸術（7類）の2次区分「絵画」の下に「グラフィックデザイン、図案」、同じく7類の2次区分「工芸」の下に「デザイン、装飾美術」として登場するこの二ヶ所にだけ、「デザイン」のカタカナ四文字を確認できます。

今なら、グラフィックデザインが「絵画」に区分されているなんてと不思議がらない人のほうが少ないくらいでしょうが、パーソナルコンピューターの出現など想像もしなかった半世紀以上前に、グラフィックデザイナーは文字も手描きしていましたし、ポスターに使うための絵も自分で描いたり、でなければ、イラストレーターなる職業がまだまだ定まる以前には、画家や挿絵画家に依頼していました。もっと遡ると、印象派の時代に印刷物としてのポスター制作を積極的に行なった画家ロートレックの存在があり、その印象派に強い影響を与えたのが江戸時代の浮世絵です。浮世絵も立派な芸術として美術館で展覧会が開催されるほどになりましたが、主流は木版画ですから一点ものの芸術作品とは意味合いが異なりますし、言わば当時のチラシのようなものでした。評判の町娘や花魁《おいらん》、人気歌舞伎役者を刷ったものはブロマイドだったわけで、浮世絵はグラフィックデザインにまっすぐ繋がっているのだとも言える。更に遡ってみるなら、平安時代には書と絵がひとつの画面に描かれていて、まるで雑誌のページレイアウトのようになったビジュアルがあります。かように、絵とグラフィックデザインとは、昔からはっきり別れてはいなかった背景があるのです。

このような歴史からして、「絵画」の下にグラフィックデザインを分類しておこうとの判断は、理解できないではありません。

では、「工芸」の下に区分された「デザイン、装飾美術」は、どう考えるべきか。ここではいきなり「デザイン」と大きく括られています。「絵画」でははっきり「グラフィックデザイン」と、デザインの中でも一つのジャンルが示されていました。ならば、プロダクトデザインとかインダストリアルデザイン、ファッションデザインのように記載されていてもおかしくないのに、ひと言、大きく括って「デザイン」。この「デザイン」にはグラフィックデザインは入るのか。単純な疑問が湧いてきます。しかし「絵画」にグラフィックデザインが区分されている以上、ここでの「デザイン」には「グラフィックデザイン」は入らないのではないか。などと、「工芸」に区分されている「デザイン」に関しては、どうにも意味が曖昧です。しかし、「工芸」の分類に「デザイン」が区分されていること自体は、次のように理解できないこともない。

工芸には日常の生活道具を手仕事で造ってきた歴史がありますが、現代の陶芸を例にとると、芸術性の高い一点ものもあれば、ある程度の量をまとめて半自動で効率的に制作するものもあり、後者に関していえば、不特定多数への普遍的な物の提供ですから、近代デザイン的な要素を含んでいるのです。

日本の生活に根づいた工芸と西洋から入って来たモダンデザインとを比べて、「工芸」の分類の中にデザインを入れておいた判断も仕方がないでしょう。工芸もデザインも、生活する中で活きる道具をつくるのだとすれば多くの共通点がありますから、境界は曖昧だと言ってもいい。教育の現場でも実際、東京藝術大学でのデザインの扱いを例にとれば、一九七四年まで「デザイン科」は存在せず、工芸科の「デザイン専攻」に組み込まれていました。

とはいえ、日本十進分類法に戻って今一度確認してみると、「工芸」に区分された「デザイン」は「装飾美術」と並列なのです。小学生の時分から図書室などでデザイン書と装飾美術書が混在した棚を見慣れていれば、両者は似たようなものであると認識されても仕方ありません。この区分によって、デザインは「飾りのようなもの」との印象が定着したであろうと推測できるのです。

日本十進分類法に見る限り、デザインとは芸術の一種らしく、絵でもあり、工芸でもあり、あるいは装飾に似たようなものだ、となってしまう。その問題点を掘り下げて検討する前に、デザインと装飾美術との関係について、興味深い時代背景をひとつ考察しておきましょう。

第二次大戦後、敗戦国となり物資が欠乏していた日本に、アメリカから急激に入ってきた大量生産品と様々な情報に、多くの日本人はあらまほしき生活のイメージを重ねて疑いませんでした。それら、豊かさの象徴とも言うべき事物を通じて、欧米のデザインが否応なく日本人の生活に流入し、広がって行きました。そして、何の飾り気もない物よりも、鮮やかな花柄などの装飾が施された商品のほうに、食べる物も碌にない暗く厳しい戦時中とは正反対の、明るい未来を切り拓こうとするデザインを見ていたのではないでしょうか。アメリカナイズが急速に進む日本社会にあって、結果的に国民の眼がデザインの装飾的側面にばかり向けさせられてしまった時期があったのは間違いありません。その頃の日本人一般にとって、アメリカ製品のパッケージなどに印刷された鮮やかな色が、それはそれは、どれだけ衝撃的だったことか……。

こんな社会情勢の中、世間ではいつの間にか装飾性＝デザインだと思い込まれていました。つまり、花柄＝デザインだが、装飾されていない＝デザインされていない、としてしまう。もちろんデザインの本質を見抜いていた、当時のプロダクトデザイナーや建築家、グラフィックデザイナーたちが、その間違った傾向に対して、本質的なデザインとは何かを啓蒙しようと努力なさってきた歴史は、数々の書籍や展覧会開催の記録などに残されています。一九五〇年代前半に発足した日本デザインコミッティーも、当初はデザインの啓蒙が大きな目的でした。しかしながら、この一部の人々の高い志を遥かに上回る形で経済成長が最優先され、デザインについての議論は何ら深められないまま、物は溢れ返り、あれよあれよの技術革新にも拍車を掛けられた高度成長の時代は突き進められていきました。

そこにまたマーケティングとやらの手法が加わると、消費者の統計的欲求が第一だとばかり、メーカーはこれに添った物をひたすら造り、闇雲に売ることに奔走しました。そういう中でさえ、日本から革新的な物が生み出されたのも事実ですが、それを遥かにしのぐ単位で金儲けのために量産される、似たり寄ったりの代物が大量に消費されました。売り上げを伸ばすだけのために、人々の目を引く花柄を代表とする装飾的手法も巧みに使われて、日本の津々浦々にまで流通していきました。

ちょっとした形や柄の違いを付け加える程度の仕事がデザインだと一般的に思われても止むを得なかった時代背景を鑑みれば、「デザイン」と「装飾美術」が同枠、並列の理由も分からないではないけれど、この並置は装飾美術の軽視ですらあるのです。

今一度、日本十進分類法に戻ります。「デザイン」は今なお、大きな分類には見当らず、3次区分表になってやっと二ヶ所に顔を出す状態のままです。その理由は、いま辿ってみた通りですが、デザインの概念が日本に入ってきて半世紀以上が経ち、わが国なりに消化もし、養分にもなって日本のデザインが海外でも高い評価を受けている今もなお、デザインが社会的にこんなふうな分類、あるいは認識のままでいいのでしょうか。今後を担う子どもたちに託すためにも、こんなことが許されていいわけがないと私は確信しています。

では、そもそもデザインは分類できるものなのでしょうか？　結論から先に言えば、全ての物事を分類してきた人類の歴史にあって、もしかすると唯一、ジャンル分け不可能なのが「デザイン」という概念であるように思われます。なぜなら、人の営みの中で、デザインが一切関わっていない物（モノ）や事（コト）など一つもないからです。政治、経済から医療、福祉、衣食住、教育、科学、技術、エネルギー、社会活動、等々まで、どんな分野のどんな物事にも、すでにデザインがある。情報の整理整頓も、衆議院・参議院といった政治の仕組みも、人の命にかかわる医療機器やコンピューターのインターフェイスも、被災地の都市計画も、毎日読む文字も数字も、信号やスマホから流れる音も光も、デザインでないものはありません。そしてデザインとは、まるで水のようなものなのではないかと思えてくるのです。我々が生きる上でなくてはならないものとして……。

デザインは水に似て、時には見えるけれど、時には見えることとさえない。見える場合の例をあげるなら、産業革命以来、デザインが工業に必要だったから工業デザインを発達させ、衣服にも必要だった衣服デザイン、もしくはファッションデザインとして認識され、シンボルマークや標識にも必要だったのでグラフィックデザインという分野が生まれ、商品にも必要なプロダクトデザインの括りが生まれ、さらに造形力や表現力を身につけるべきデザイン教育の場が必要だったからこそ、多くの芸術大学にデザイン科が置かれました。そして見えないほうは例をあげるまでもなく、他のすべての人間の営みそのものなのです。芸術にだってデザインが必要で、美術館は建築というデザインですし、都市や公園、さらには大自然の中で芸術表現するのだとしても、今や人の営みが及んでいない自然なんて地球の表面にはないでしょうから、人がなし得る全ての企てには、計画的であるか否かにかかわらず、必ずデザインが及んでいるのです。デザインをこのように捉えるならば、デザインは他のあらゆる分野と並列すべきものではなく、各分野と人とを繋ぐ、横に広がるフィルター、あるいはレイヤーのようなものなのです。

昔からよく、アートとデザインの違いは何か、といった議論が繰り返されてきましたが、それはデザインを、分類された一つの分野と捉えてしまったことによる議論であって、アートとデザインは、そもそも比べるものではなく、アートが人に届くためにはデザインが必須ですから、ゆえにアートとデザインが融合したかに感じられる作品があるのは当然のことです。

何度でも言いますが、人の営みにおいては、どんな発想も、どんな技術も、どんな素材もデザインを経なければ役立つ物や事にはなり得ません。グラフィックデザインを絵画にだけ分類している場合ではないばかりか、さらに大きな括りとしての「デザイン」が工芸の分類で装飾美術と並べられているだけでいいわけがなく、当然、全ての分類に標準装備されるべきものなのです。身近な例をあげると、「文字」はどの分野にも存在するので、実際にはどの分野にもグラフィックデザインが存在しているのに、その認識が各分野の当事者にも一般社会にも、残念ながらまったくないのが現状なので、見るに耐えない汚いレイアウトの企画書などが横行したりする。思い当たることはありませんか？

幼い頃からデザインは飾りのようなものだと刷り込まれてきたのですから、多くの人たちに、デザインなんて自分には関わりない話だと思われても仕方のないことだったでしょう。しかしだからこそ、今後のデザイン教育にも大きく影響を与える分類法が、このままでいいはずがないのです。

デザインと言えばカッコいいもの、オシャレなもの、洗練されたもの、モダンなもの、カワイイもの、シンプルなものといった様々なイメージがあると思いますが、それらはデザインのごく一部にしか過ぎません。どうぞデザインを水のようなものだとイメージしてみてください。水は、我々が生きるうえでなくてはならないものであり、時には目に見え、時には見えずに我々と環境を繋いでくれています。津波のような災害をもたらすこともある（これに相当するのは「付加価値」や「デザインする」などの誤った認識による害でしょう）けれど、太陽の光と共に美しい虹を見せてくれることもある。ありとあらゆる事象に水が関わって成り立っているのと同じように、デザインは全ての人間の営為を成り立たせるために必要なものなのです。ゆえに、このような視点に立っての分類法の改正や、これからのデザイン教育のあり方が問われなければならないのだと思って止みません。

中央と際

グラフィックデザイナーは、基本的に一風変わったビジュアルをつくるのが好きで、他の人がやっていないことをやりたがる習性があります。他人と同じで構わないのであれば、敢えてグラフィックデザイナーである意味はなく、物真似や既存の様式で満足しているのなら、趣味でグラフィックデザインの研究などをしていればいいわけで、当然ながら私自身の中にも、他人様とは違うものを、の気持ちがあるのは認めざるを得ません。逆に、積極的にそのような姿勢で制作に取り組んできたからこそ、この道を歩み続けてこられましたし、今でもよく、そんな思いで仕事をすることがあります。近年の世界のグラフィックデザインを見渡してみても、これはと思われるものには、やはり独自性を目指す傾向が顕著で、このような傾向こそ、表現の幅が限りなく広いグラフィックデザインの真骨頂ですらある。平面で表現するグラフィックデザインは、金型を制作しなければならない立体のプロダクトデザインなどと比べ、環境にさほど負荷をかけず、表現が圧倒的に自由です。

それがさらに電子メディアともなると紙すら使用せず、常に動いている流体のような、さらに多様な表現が可能で、だからこそ逆に考えてみると、社会的責任をあまり感じずに、グラフィックデザイナーは自由奔放な表現が許されているとも言えます。

一枚のポスターが直接的に人の命を奪うことなどありはしませんが、椅子の足がもし折れれば、人は頭を打ち、死に至ることもあり得ます。家の屋根が突然落ちたら、これはもう命に関わる大事件です。このような現実的な制約からグラフィックデザインは自由であるがゆえに、奇抜で際立ったデザインも可能なのです。そこに、グラフィックデザインの素晴らしさと無責任さが並存しています。近年、国内のグラフィックデザインの審査にたずさわるたびに危惧させられるのは、多くのデザイナーが、他の誰もやっていない、際どく面白いグラフィック表現ばかりを志向する傾向が強くなっていることです。さらに深刻なことには、ふつうにちゃんとデザインをしたものが、正当に評価されにくくなっているのです。

そもそも「際」は、「中央」があるからこそ「際立つ」のであって、中央がない際など存在しません。しかるに皆が皆、中央、つまり奇を衒わない王道のデザインはせず、際(物)ばかりを狙ったら果してどうなるか。現在、以前と比べ、グラフィックデザインに際立つものが生まれにくい理由は、中央がないことにあるように思われてなりません。かつて日本には、亀倉雄策や田中一光といった大先輩が、しっかり中央の仕事をしてくれていた時代がありました。だからこそ当時のアバンギャルドな仕事も相対的に際立って見え、互いに素晴らしかった。遡れば、京都の桂離宮と、その時代に造られた日光の東照宮との対照も、両者あってどちらもさらに輝いて見えるのです。

誰もやっていないことがしたい気持ちは尊重するものの、日常生活には、なんら変わっているのではなく、ふつうだからいいもののほうが大多数なのです。ふつうの仕事をちゃんとしてくれるグラフィックデザイナーがいなくなれば、あいつらは変わった真似ばかりしたがる奴らだとイメージされてしまい、その職能じたいが危険な状態に陥るしかない。今こそ「ふつう」をちゃんとふつうにできることの大切さをしっかり見直すべきです。例えばこの本で今お読みくださっているこの文字も、このように、ごくふつうだからこそいいとは思いませんか？　これが、いちいち風変わりにデザインされた文字だったら読みにくくってならないでしょう。「ふつう」をちゃんとこなすためには、基本をしっかり身につけておかなければならないので、かなりの手間ひまを必要とします。しかしながら、基礎に時間を掛けてじっくり取り組む姿勢は、電子メディアによりスピードが求められる時代にあって、逆に、より大切になってきているのではないでしょうか。グラフィックデザイナーにも、中央と際、両方の意識が常に必要で、そのつど、中央なのか際なのか、あるいはそのどちらでもないどこかなのか、的確に照準を合わせられる能力が間違いなく求められているのです。

デザインする。デザインしない。

私たちはよく、デザインを動詞化した「デザインする」という言い回しを耳にします。ご存知のように、電話するや食事するなど、名詞に「する」を付けて動詞にするのは、日本語ではごく普通の用法ですが、デザインの語源たるラテン語の designare（デシグナーレ）は、目印を付けて表示する、という意味の動詞で、英語の design も名詞である前に動詞なのです。元々「する」意味合いを含んだ言葉に、さらに「する」を付加するとどうなるか？「デザインする」を「する」ことによって、能動的に「する」ことばかりが強調されてしまう。これだけ「デザイン」がメディアで取り上げられ、日常一般に使われる言葉になってなお、ひどい誤解が生じ続けている大きな要因が「する」に潜んでいるのです。

ひたすら「デザインする」方向でデザインに向かえば、何かを「する」のが大前提になるので、デザインとして正当に「しない」でおく方向の選択肢は、そもそもあり得ないことになってしまう。しかし世の中には、そのままがいいものもあるし、さほど「デザインする」ことを必要としないものもある。実はきちんとデザインされていても、いちいちデザインが目立たなくていいものは、むしろ数多い。なのに、「デザインは、するものである」の思い込みでデザインに向かうと、知らず知らず、デザインの発注者も受注者も、強迫的にデザインしなければと思い込む。こうして、新たなデザインなど施す必要はないからそのままにしておこう、という意味でのデザインは、ほとんどされないようになり、現状のままでいいはずの優れたデザインまでが、本当に残念なことに、私たちの前から次々に消えていきました。

このように、人を操り社会を変質させてしまう危険な力が、「デザインする」という何でもないような言葉に潜んでいます。積極的な意味で時には「デザインしない」もしくは「デザインを変えない」といった大事な選択肢を、「デザインする」の一語に奪われている怖さを、よくよく認識しておかなければなりません。言葉には怖るべき力があるのですから。例えば「デザインする」が、民主主義を取り違えた我がままな個人主義、効率主義、さらには経済最優先主義と相まって、どれだけ田舎の長閑《のどか》な風景を取り返しがつかぬまでに壊してしまったことか。今や日本中どこに行っても、田んぼは潰され大型の商業施設に巨大な看板が立ち並び、まあ似たような風景になり下がりました。こんな風景ばかりでいいのかと嘆く人が、もう日本のどこにもいないかのように。闇雲に新しさを求めてきた結果としての、全国一律の下品な風景の裏側で、実は「デザインする」という危うい言葉が、何度となく飛び交って来たのです。

ここでは敢えて「デザインをしない」でおくという選択肢がない危険さについて述べてきましたが、どうしても必要な事物が新たに生まれる時に、デザインがなくてはならないのは言うまでもない事実です。こうした場合、当然ながら積極的にデザインを施す方向に向かいますが、気をつけなければならないのは、デザインの頑張り過ぎです。「デザインする」が「デザインしなければならない」心理状態を生むと、いかにもデザインしているように見えるものを、とつい思い込んでしまうからです。

身近な事例として、冷蔵庫のデザインについて考えてみます。冷蔵庫がキッチンという空間で「私はここにいるぞ！　私だけを見てくれ！」と主張しているのが心地よいでしょうか。日常生活の中にすんなり溶け込んで機能してくれていればいいのであって、はっきり言って目立つ必要などどこにもありません。なのに、冷蔵庫のドアの取手には不思議な曲線や派手な色のアクセントが付いていたりする。静かに佇んでいてくれそうな冷蔵庫は少なく、メーカーが我が社のアイデンティティをなどと勝手に理屈を付けた、何だか装飾的な処理が施されているものがほとんどなのです。何もしなくていいのに、つい何かしら施した装飾こそが「デザイン」だと思っている人がメーカーにも驚くほど多くいらっしゃるのと同時に、優秀なデザイナーが社内には必ずおられます。ところがデザインの本質を理解しているそういうデザイナーが、デザインしていないかのような見事なデザインをしたとしても会議ではまったく認められず、単にデザインしていないとされてしまうことがよくあるのです。

冷蔵庫が冷蔵庫以下であっては困るけれども、冷蔵庫以上であっても困る。人だけでなく物にも「わきまえ」が大切で、食品の出し入れ以外の時には、むしろ静かに存在を消していてほしい。場合によってはキッチンの壁の一部に冷蔵庫が組み込まれていてもいい。もちろん機械だから壊れたりもするので、はずして取り替えられるように工夫しておけば問題ないのでは……。といった具合に考えをめぐらすのも、すでにデザインの端緒です。見てくれを飾りたてることだけではありません。そして二十四時間、黙々と食品を保冷し続けてくれる機能それじたいがデザインなのだという事実にこそ、我々はもっと思いを致すべきではないでしょうか。

「付加価値」撲滅運動

色んな折に、「まず大切なのは、付加価値だ」といった意見を聞かされるたびに、私はつい、その発言者のお顔をつくづく診てしまいます。「見て」ではなく、「診て」しまう。私は大学院を卒業してから広告代理店に三年ばかり所属していましたが、当時、広告の世界には「付加価値」病が蔓延していました。今でもまだこんな言葉を折々耳にするのですから、まだまだその弊害は根深いのでしょう。付加価値とは、まさに外から価値を付け足すことに他なりません。私は、「価値」を付加だと捉えるようになってから、日本の物づくりはダメになってきたのだとさえ思っています。価値とは、そもそも外から貼り付けたラベルのごときものなのか。

路上で見つけた丸い石ころを持ち帰り、自宅のデスクで書類を押さえておくためのペーパーウエイトにしたとすれば、その石には人の営みにおける価値が生まれたことになりますが、それは、人が石ころに価値を付け加えたのでしょうか。

ここに、言葉の危険なマジックが潜んでいます。石は石であり、デスクに置かれても石そのものが何ら変化するわけはないのに、書類が風などで飛ばないように押さえておく必要上、拾って帰った石ころがちょうどいい重石になってくれた。これは、人が石に価値を付け加えたのではなく、自分と石との関係性の中で石がもともと持つ価値を発見したのであって、言うまでもなく、付け加えるのと見出すのとでは、意味がまったく逆です。自分の都合を対象に押し付けたのか。それとも、対象に即して考えることによって用途を引き出したのか。

才能の才は、中国古代の甲骨文では在と同じ字で、もともと在るもの、を意味し、能とは働きであり、力の意味ですから、才能とは、すでにそなわっているものを働かせる力のことなのだそうです。すでに在るポテンシャルを引き出す力を持った人を、才能があると言い、もちろん、自分の持っている力を引き出せる人でもあるのですが、対象のことを理解しようともせず、外側から勝手に価値を付け加えるばかりでは、すでに在る価値をまともに引き出せるわけがない。何かに価値を付加して平気でいられる人を、才能があるとは言わないのです。「付加価値」には、自己中心のひどく傲慢なニュアンスさえあるのに、かくもデリカシーの欠如したこんな言葉が大切であるだなどと、日本人はいつから思い込むようになってしまったのか。

それは、明治以降に端を発する大量生産が、戦後の高度成長の大量消費で勢いづいた頃からだろうと思われます。つまり、経済的利益が最優先の社会に立ち至って、人の心や生活を豊かにするために物を届けるのではなく、ひたすら物を売ることだけが目的化してしまったから。人の目を惹きそうなラベルを表面に貼って、売れさえすれば後はどうでもいい。ラベル代りに思い付いたにすぎない価値紛いを対象に付加し、それがお金に換わるのがさもビジネスであるかのように思い込まされている。これほど世間に蔓延してしまった手強くて質《たち》の良くないウイルスを撃退するべく、ずいぶん前から、まずは私自身に向かって「付加価値」の使用禁止令を出しています。そして、この言葉をいささか不用意に口になさる方に対しては、余計なお世話だと言われないように留意しつつ、今後とも丁寧にそのウイルスの害毒についてお伝えし、撲滅運動を続けていこうと思っているのです。

さよなら、元気で。ペンギン君

ロッテ・クールミントガムという商品が一九六〇年に登場するきっかけは、さらに遡ること四年の五六年、ロッテがビタミンやミネラルなどを配合したガムを南極観測隊の越冬用に提供したことでした。そして量産が始まった六〇年は日本が高度経済成長に突入した時期です。日本でガムが最初に製造されたのは遥か以前の昭和初期でしたが、まだ日本の食習慣にガムは合わず、拡販できなかったようです。ところが戦後、アメリカのチョコレートと共に甘くて美味しいチューインガムも積極的に輸入され、大リーグの野球選手やハリウッド映画で登場人物がガムを嚙む格好よさなども相まって、国内での大量製造販売も時間の問題でした。ロッテは、戦後しばらくして参入したフーセンガム市場の開拓に続き、板ガムの製造販売に進出し、スペアミントガム、グリーンガムに続いて、クールミントガムが販売されたのです。

当初、このミントガムシリーズの辛さと清涼感は、かなり刺激的だったらしく、とりわけクールミントガムの広告に使われた「大人の辛口、南極の爽やかさ」のキャッチフレーズが、このガムの特徴をよく表しています。現在のように刺激的な食べものや、舌が麻痺するような強い味覚が溢れている時代ではなかったので、今ではさほど刺激的には思えないミントの清涼感も、舌がやや痺れるくらいにキツめの味だと、私も子どもながらに感じたのをはっきり覚えています。あの頃の菓子類にあっては「砂糖の甘さ」の人気が群を抜いていたはずで、そこに辛さを加えたのは、かなり新しい味覚体験を社会に提供する挑戦だったと想像できます。今でこそスタンダードに存在しているものが、発売当初はしばしば画期的、つまりは挑戦的だったのです。

当初のデザインをほぼそのまま維持しながら、クールミントガムの発売から三十二年を経た一九九二年。広告代理店を通じて私に、ロッテのガム全体のリニューアルデザインのコンペ（複数の会社が同じ条件を与えられて競争すること）に参加してほしい旨の依頼がきました。

さっそくロッテの商品開発担当者にもお会いして、リニューアル計画の経緯をお聞きしましたが、事後に知ったところでは、印刷会社も含む全九社ほどが参加した大掛かりなコンペだったようです。現在の私は、限られた時間で（対象にのめり込むいとまもなく）デザインの提案をしなければならないコンペには参加しませんが、まだ若くて経験も少なかった私は、少しでもチャンスを掴もうと、コンペには積極的に参加しました。また、大学を出てすぐ広告代理店に三年勤めた体験上、このリニューアルをコンペにせざるを得ない事情も承知していました。まだキシリトールガムがなかったあの頃、グリーンガムやクールミントガムは日本を代表するチューインガムであり、三十年以上もロッテという企業を支えてきた柱とも言うべき商品のパッケージリニューアルを、なるたけリスクを抑えつつ進めるためには、ありとあらゆるデザイン案を比較検討すべきだと思われたのは無理もない。さらに、歴史ある商品のリニューアルデザインは、新製品のデザインより遥かに難しい。なぜなら、新しい商品はゼロからのスタートですが、永年親しまれてきた商品にはすでに多くのファンがいるので、新たに何をやってみてもいい、とはならないのです。

私自身、小さな時分から嗜んできたクールミントガムでしたから、コンペには迷わず参加させていただきました。初めの依頼は、ミント系のガムのみならずブルーベリーなどのフルーツ系のガムも、つまりロッテが販売するガム全体のリ・デザインでした。すでに、ニッカ・ピュアモルトの商品開発を手掛けていた私には、「商品とは、生活者にとって何よりもその企業の顔である」との捉え方が確信になりつつあったので、このたびも「ひとつの企業の顔をデザインする」ことなのだと受けとめました。

まず考えたのは、永い年月販売され続けてきた商品は、そのデザインも最早財産だということ。このガムをいつも噛んでいて、買う時には迷わず手に取るようなヘビーユーザーにとって、デザインがどのように記憶に残り、どのように機能しているのか。三十年以上もほぼ同じデザインで販売されてきたこのガムを好んで購入している人が、はたして店頭でどれだけの時間を掛けて選択しているのか。自分がいつも習慣のように購入している日常的な商品は、いつもの店のいつも置いてあるところから一瞬にして判別し、迷わず手に取り、レジへ持って行く。いちいち確かめるまでもなく、愛用者ならほとんど記号のようにしてパッケージデザインを覚えているものです。その、瞬時の判別と選択の自然な行動の中で脳に記憶される画像は人によって様々でしょうが、なんとなく全体の印象を捉えている。暗く青っぽい下地の左の方にペンギンがいて、COOLの頭文字の三日月みたいなCを覚えている、といった曖昧な記憶と商品が照合できればいいのです。細かいところなど見てもいないそのヘビーユーザーが、リニューアル後にデザインがあまりにも変わり過ぎたがために欲しい商品を見つけられなくなったら、これはどう考えても本末転倒の一大事なのです。リニューアルするのだから新しく感じてもらえなければ意味がありませんが、新しくもなっていて、なおかつ今まで通りでもなければならぬ矛盾を求められているのだと理解しました。考えれば考えるほど難しい作業で、ただ、新しくするだけなら簡単ですが、そんな乱暴はぜったいにしてはならないことだけは分かりました。人の記憶を未来へと丁寧に繋ぐ作業だからです。

そこでまず、これまでのデザインをじっくり検証し、どの要素が多くの人々の記憶に残っているかの確認から作業に入りました。デザインの財産として残すべき要素と、新しくするうえで捨ててもよい要素とを弁別するために。そして、グリーンガムでもフルーツ系のガムでもなく、なんといってもペンギンが印象的なクールミントガムのデザインで基本をつくることで、他のアイテムも自ずと見えてくるのでは、と考えました。

パッケージの下地になっているくすんだ青灰色。これが例えば赤であればクールな印象にはならず、まったく別の商品になることは明白でした。次にパッケージ左側の、額縁に入ったような小さな絵。ペンギンが一羽、何を想うか、南極の夜空を見上げて佇んでおり、そのパックではクジラが潮を吹いています。じっと眺めると、なんとも風情があるいい絵ですが、誰が描いたかについては、この時点ですでにロッテ社内でも不明でした。たぶん、パッケージの印刷を請け負った印刷会社のデザイン担当者あたりが、外部に、それもイラストレーターなる職業はまだ存在しなかった一九六〇年ですから、挿絵画家などに依頼したのではないか、とのこと。子どもの頃から何十年と慣れ親しみ、さんざん目にしてきたガムの、「描き人知らず」のその絵が、以来、なんだか切なく愛おしいものに感じられるのでした。

続いてはロゴタイプの検証。商品名のCOOL MINTは、もちろん入れないわけにはいきません。しかも頭文字の三日月型のCは、続く二つくっつけられたOと共に印象的なロゴになっている。会社名のLOTTEも、何枚入りガムかを知らせる9 GUM STICKSも、どれもがデザインとして必要不可欠な要素でした。さあ、これは大変です。チューインガムのパッケージ表面の、あの小ささの中にこれらの要素を全て入れ込むなら、今までとほとんど変わらぬデザインにしかなり得ず、少し順番を入れ替える程度であれば変える必要すらない。ならば、と考えられるのは、必要な要素に別の要素を加えること。絵や文字のバックにストライプを入れるとか水玉を配すとか、何か要素を加えて、いかにも変わったかのように見せる方法です。試しにこの方法でデザインをしてみましたが、すぐに間違っていると気づきました。チューインガムが置かれるコンビニやキオスクの店頭は様々な商品がひしめき合い、ただでさえ情報過多の中に、もっと情報を増やしたガムを置けばどうなるか。ゴチャゴチャしている中に、ゴチャゴチャしたものを置けば迷彩と化し、かえっ

LOTTE®
COOLMINT
CHEWING GUM
LOTTE®
COOLMINT

て目立たなくなる理屈については別の章にも書いている通りです。

かくて、財産になったデザイン要素を残しつつ新しくもするこの仕事に、私はたちまち行き詰まってしまいましたが、難しい仕事であればあるほど、打開の道は必ず見つかるはずだ、の信念を捨てずに挑むと、やがて仕事の真の面白さが姿を現します。仕事に挑むとは、どこまでも自分を追い込むことだと私は思っています。そして自分を追い込むとは、できるかぎり客観的に自分のやるべきことを考え抜く、の意味です。とことん追い込んだ後は自由に、ああでもない、こうでもないと考えを巡らしてみる。するとある時、「あ」と思う瞬間が必ずやってきます。アイデアが、まるで天から降りてくるかのように。自分から湧いて出るのではなく、外からやってくる感覚なのです。だから自分を追い込むこととアイデアを待つこととは同義ではないだろうかと私には思われてなりません。

クールミントガムのリニューアルに挑んで自分を追い込み、気持ちを集中させアイデアを待っていた時も、ある日、ふと気づきました。コンビニなどの店頭では、商品を斜めから見下ろすことが多いので、チューインガムも一つの面しか見えないのではなく、正面と天面の両方がほぼ同時に見えているのではないか。こう気づいた時点で、それまでとはまったく異なるデザインの展開が見えてきたのです。

チューインガムの歴史的背景が、この時のアイデアと密接に繋がっているので、少し触れておきます。一九五四年にロッテが最初に発売したスペアミントは六枚入りで二十円でした。続くグリーンガムも、さらにはクールミントガムも六枚入り二十円。グリーンガムには四枚入り十円の時期もあったようです。それから時を経て七枚入り三十円となって、七枚入りのまま物価の上昇とともに価格も上がり、一九九〇年頃、現在の九枚入りが百円で登場します。私がリニューアルデザインをする段階では市場の板ガムがほぼ九枚入り百円の時代に入っていました。なぜこれがデザインと関係するのかといえば、パッケージの厚みなのです。

七枚入りの時には、まだ明らかに天面が広く、側面は狭くて薄かった。つまりその頃までのチューインガムのパッケージは天面が主であり、側面はあくまで脇の面でしたが、時代とともに中身が増え、九枚入りともなると、天面も側面＝正面も、幅が変わらなくなっていました。にもかかわらず、天面にも正面にも、同じグラフィックをあてがっていることに気づきました。形態としてはとっくに正四角柱になっていた九枚入りが、店頭で七枚入りと比べてどのように違って見えるかは、まったく検討されてこなかった。同じ形で同じ面積だから、同じグラフィックをどの面にも入れておけばいいくらいに判断されてきたようです。

二つの面が同時に見える角度がガム本来の「正面」であるのなら、これまでのパッケージは能もなく、全く同じグラフィックが印刷された二面を同時に見せてきたことになります。一つの面だけが見たくて、コンビニでガムを真上から見下ろしたり、しゃがみ込んで真横からじっと眺めたりする奇妙な人などいるわけがない。ところが、デザイナーがパッケージのデザインをしようとする時、デスクで紙に描いてみるのであれ、今ならパソコンの画面と向き合うのであれ、パッケージの長方形の平面に、要素を一面的にレイアウトした机上のデザインで事足りるとしてしまうのであれば、真上から見下ろしたり真横から眺めたりしているようなもので、そこにはリアリティの欠片《かけら》もなく、頭だけでひねり出したデザインは、社会ではほとんど機能しないのです。これに対して、店頭でガムがどのように見えるか、どんなふうに感じられるかをシミュレーションする時には、デザインを身体で考えている。物と人の関係を、頭ではなく、身体でどう受けとめているかを思考しているのです。

この時にも、二つの面が同時に見えると身体で気づいたことによって、一瞬にして先のデザインが広がりました。その二つの面に、「絵」と「文字」二つの要素をそれぞれ振り分ければいい。このアイデアが降りてきて、これで行けるのではないか、の手応えがありました。後は細かいところを詰めればいい。と、まあ文章にすると以上の如くまどろっこ

　こうしてクールミントガムに五羽のペンギンが並んだものの、じつは私にはまだどこか腑に落ちていないところがありました。たしかに、今までの財産を残しつつ、新しいアイデンティティも獲得してはいるけれど、かくも長く売られ続けてきた商品のデザインが、こんなに簡単に仕上がってよいものだろうか……。そこでもう一度、それまでのガムに描かれていた描き人知らずの南極のペンギンの絵をつらつら眺めてみました。すると、バックのクジラが吹きあげている潮の先が二つに割れていて、どちらも右側にしか流れていないではありませんか。南極の寒空の夜、ペンギンのバックでは左から右に強い風が吹いていたのか。この絵が描きとられた瞬間に、右側から猛スピードでクジラがフレームインしたのか。そのどちらかではないだろうか。などと想像するうちに、クジラの吹いた潮が二つに割れているばかりか右にしか流れていない、という事実にとっくに気づいている人が、日本のどこかに、いや少なくない数でいるに違いない、と思えてならなくなったのです。

　商品じたいは変化しないひとつの情報ですが、そこから受け取っているものは、人それぞれ違います。その商品とまあ浅く付き合っている人もいれば、それはもう深く付き合ってきた人もいる。その両者に応えることこそが、リニューアルの仕事というものではないのか。第一、永年にわたり愛し続けてきた人にとっては、リニューアルなど余計なお世話でしかないのです。それでも、何らかの理由でリニューアルをしなければならない場合も、これまでの愛用者が、ああ、なるほどと納得してくれなければ。そういった人たちが大絶賛してくれるリニューアルなんて不可能です。自分の生活者としての日常心理を省みれば容易に分かるでしょう。なのに、ふつうリニューアルする際には何度も調査にかけられ、既存の購入者からも広く絶賛されるようにとメーカーは期待する。事前通告もなくメーカー側の都合で勝手に変更するわけなので、そんな虫がいいことはあり得ないのです。せめても、あの小さな絵に描かれたクジラの秘密に気づいているであろうどこかの誰かに向けて、私は前から二番目のペンギンに、そっと手を挙げさせました。

他にも様々な工夫を試みてみたのですが、分かりすぎるのも、分からなさすぎるのもよくない。ほどほどのところはどの辺りかと検証していった結果、静かに一体だけ手を挙げさせてみてはと思いつきました。一番前でも一番後ろでも、真ん中でも目立ちすぎる。ならば前から二番目か後ろから二番目だろう、と思ったその時に、五羽のペンギンたちがまたもや人間に見えてきました。会社組織を構成する人たちが一列になって行進しているかのように。先頭は社長で最後尾が平社員だとするなら、この列の中で誰が一番大変な目に会っているだろうかと想いを馳せました。それはまさしく前から二番目で、社長からは「後ろの連中をもっと早く歩かせろ」と怒鳴られるし、三番目以下からは「今のスピード

だって、俺たちもうへとへとなのに」と愚痴られる。間に入って辛い思いをしているに違いない前から二番目に手を挙げさせたとたん、彼が勇気を奮い起して社長に伝えている台詞《せりふ》が頭に浮かびました。

「社長、そんなに早く歩かれては、誰もついて行けません！」

ここまで詰めてやっと、クジラの秘密を知っているどこかの誰かもこのリニューアルを許してくれるのではなかろうかと思えたのでした。

私はこの案を含めて全部で五案を提出しました。残る四案は一押しのこの案を目立たせるためのもの。どのようにプレゼンテーションすべきか、どう見せれば相手に伝わるかも、デザインを検討すると同時に考える必要があるのです。そしてプレゼンテーションの席上、じつは二番目のペンギンがそっと手を挙げているのですとお伝えすると、みなさん席から腰を浮かし、実物大の模型を覗き込むように見入ってくれたので、五羽のペンギンの人間くさいストーリーを続けてお話しすると、誰もが笑顔になって、かすかに首を縦に振っていたのです。その場にいたロッテの担当者も広告代理店の方も、会社勤めのサラリーマンでしたから。この時、もしかすると、と思いました。しばらくして代理店の方からの電話があり、

LOTTE
COOLMINT
A LIGHT AND MILD SWEETNESS COUPLED WITH LASTING FLAVOR AND COMFORTABLE CHEWINESS. ENJOY THE DELIGHT ONLY POSSIBLE FROM LOTTE.
9 GUM STICKS
LOTTE
9 GUM STICKS

「佐藤さんの案に決まりました」

と告げられた私は受話器を左手に持ちながら、右手で握りこぶしをつくったのを今でも忘れられずにいます。

それから「先頭の社長」の納得がいくまで細かい検討作業が二ヶ月ほど徹底的に繰り返されたのです。私のデザインに決定した後、制作した実物大の模型はゆうに七百個を超え、プレゼンが通ってから、かくも厳しい長距離マラソンのような作業になろうとは想ってもいませんでした。最終的には、ほぼ最初の提案に近い形に落ち着きましたが。

その後も、九枚入りガム十五個でワンセットの箱の中に、ときどき違ったポーズのペンギンのパッケージを忍び込ませ、さらには、板ガム一枚一枚の包み紙にも変化を加えるという、チューインガムでは過去になかった実験を繰り返してきました。世界でも類を見ないパッケージデザインの展開だっただろうと自負しています。

しかしリニューアルから二十一年経った二〇一四年四月の再リニューアルにより、同じ要素が五つ並んだミントガムシリーズは姿を消すことになりました。新デザインは私のものではありません。日本の津々浦々で、そっと手を挙げていた二番目のペンギンにはもう出会えないのかと思うと、悲しくないと言ったらやはり嘘になります。それでも、私が繋

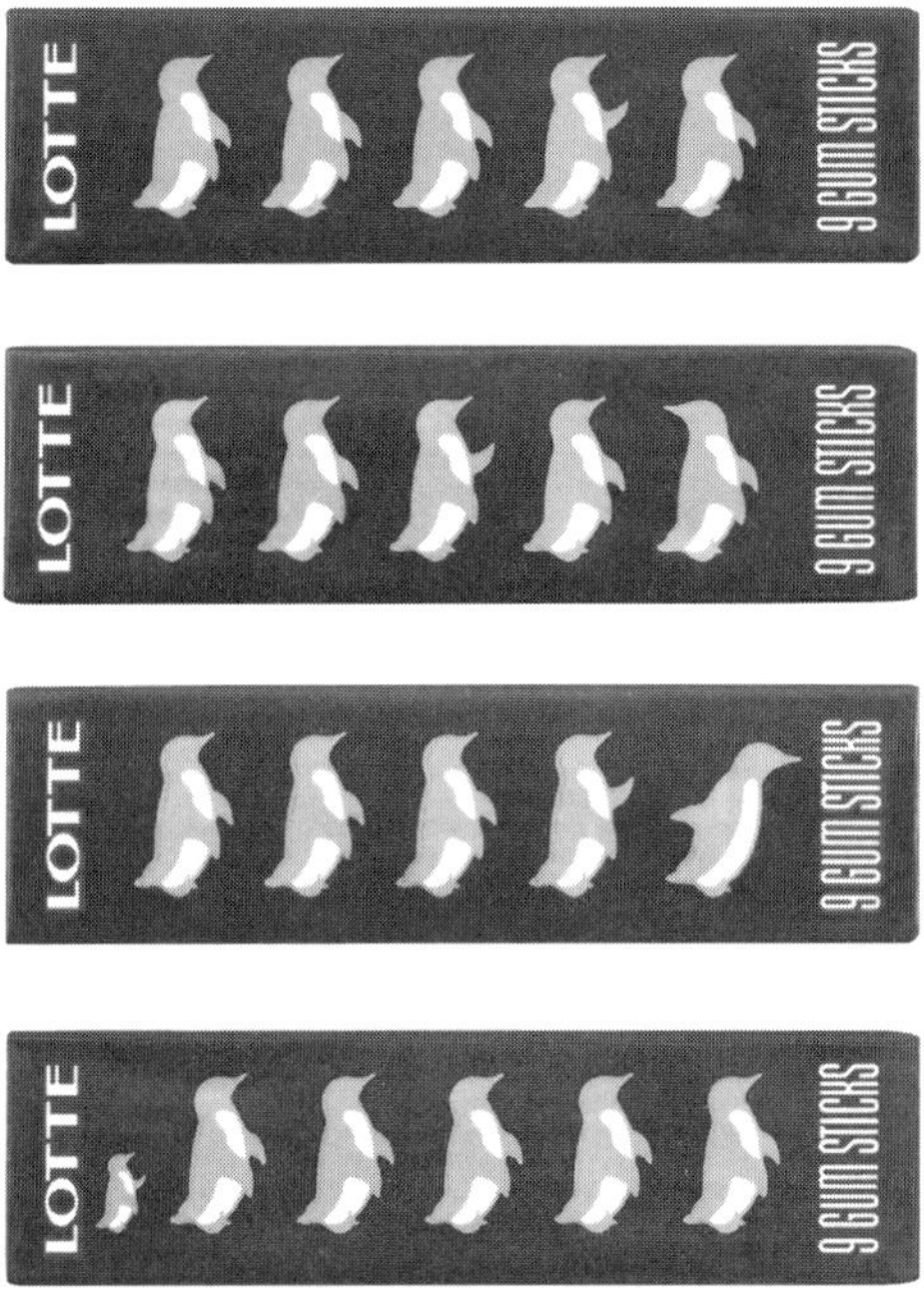

ロッテ「クールミント」イラスト面（2002）

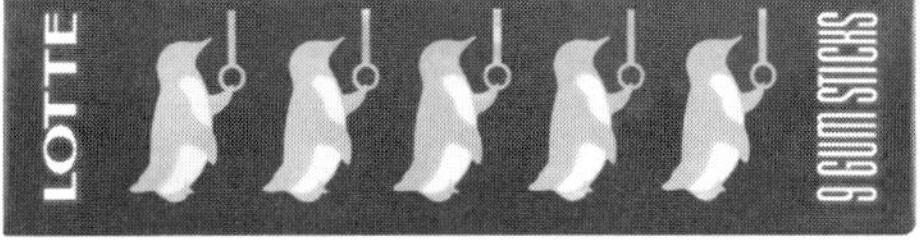

ロッテ「クールミント」JRキヨスク限定（2005）

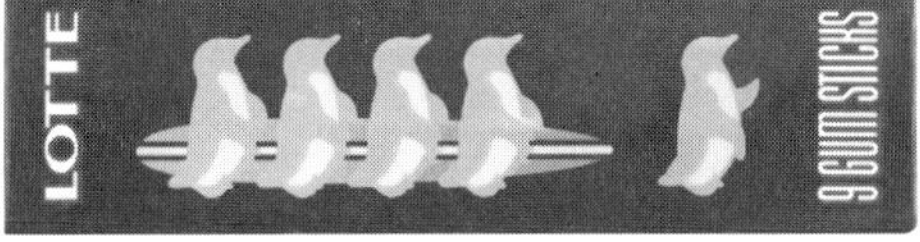

ロッテ「クールミント」夏期限定（2006）

いできたペンギンは新たなステージに乗って、楽しそうに泳いでいるようです。今は粒タイプのガムが主流になりましたが、時々、板状のクールミントガムもぜひ味わってみてください。そして新しいペンギンを眺めながら、半世紀を超えて小さなパッケージの上で生き続けてきたペンギンたちの物語に、少しばかり想いを馳せていただけたなら。

ほどほどのデザイン

日本には昔から「ほどほど」という実にいい言葉があります。もっとも子どもに対しては、ほどほどのところでやめておきなさいと諭してしまうよりも、飽きるまでやらせる育て方のほうに一票を投じたいと思いますが、仕事の経験を積んでくると、この言葉の深い意味合いが少しずつ分かってきます。「ほどほど」には、やりきらずに手前で留めておくといったニュアンスがあります。これをデザインにそのまま置き換えてみると、「ほどほどのデザイン」となる。それだけを耳にすれば、あまりいいデザインではないような印象でしょうが、「ほどほどのレベルを徹底的にデザインする」、あるいは「ほどほどのデザインを極める」こととして捉えるなら、印象は一変するはずです。つまりここでお話ししたい「ほどほど」とは、やりきることも承知しながら、敢えて手前のほどよいところを見極め、そこで仕上げておくことなのです。

この、少し手前でほどほどに留めておくデザインによって生まれる「空き」こそが、人がものと自分なりの仕方で付き合うことを可能にする余地になります。その人その人なりにものをカスタマイズできるのだと言ってもいい。そもそも人は、それぞれ価値観も違えば生活におけるあらゆる行動のとり方も一人ひとり違います。しかるに、完成しきって「空き」を持たないものを前にして、なんだか壁に阻まれているみたいだと感じたことのある方は少なくないと思います。もののほうから一方的に「こう使え！」と偉そうに言わんばかりであったり、ものとしては美しいけれどまったく実用する気にならなかったりするのも、「空き」がないためなのかもしれないのです。メーカーやデザイナーは、ついそのものだけを一つの作品のように見なしての完成度を目指してしまう傾向があります。当然「空き」など生まれようがない。しかし本来デザインは、それ自体に価値があるわけではなく、デザインされたものと付き合う人との関係の中で効力を発揮するのです。人の価値観はみな違うのだから、デザインは人それぞれの価値観で関わることができる、ほどほどの領域で留めておくべきなのではないでしょうか。そこに「空き」が生まれます。

「ほどほど」という曖昧な日本語の中に、実はデザインがなすべき大切なヒントが含まれているように思います。そしてこの「ほどほど」を、古来の日本の日常生活用具のそここに垣間見ることができるのです。

私たちの日常生活の中で何気なく使われている道具を人との関係で観察し直してみると、日本ならではのデザインが見えてきます。例えば、使う人の能力を前提に成立しているもの。ご飯を食べる時に使う「日本の箸」はその代表格です。先を細くした二本の棒を使いこなすだけで、小さな米粒や豆や、けっこう大きなジャガイモまで挟むことができるばかりか、この単純きわまる道具で肉を切り離したり柔らかいものを刺して割ったり、みそ汁をかき混ぜたり具のツルツル滑るワカメをつまみ上げて口へと運んだり、海苔で白米を包んだりと、用途は多様で、小さな頃から経験を積んだ我々は、毎日のように二本の棒を無意識に使いこなしているのです。ここには西洋のフォーク、ナイフとは全く異なる「関係のデザイン」が見られます。フォーク、ナイフの進化について、ヘンリー・ペトロスキーが『フォークの歯はなぜ四本になったか』（平凡社ライブラリー）に詳しく書いていて、それはそれで微笑ましく、フォークとナイフが共に進化（共進化）した経緯は大変興味深い。現代のフォーク、ナイフには取手の部分があり、握りやすいように膨らんでいて、膨らみ具合がデザインの特徴になっている場合も多いでしょう。対するに、箸には取手に充たる部分がなく、取手どころか、どの指はどこに当てて、といったデザインは一切施されていません。ものの側から「このように使ってください」と教え示すデザインではなく、素材のままそこに在って、見掛けは「どうぞご自由に」とやや素っ気ないくらいですから、箸を初めて目にした他国の人は、いったいこれをどう使うつもりなのか？　と面食らうに違いありません。しかし使用法をマスターしてしまえば、食べるための道具としてのこの使い勝手の良さは他に代えがたいものになることでしょう。つまりは、二本の棒である単純さが、人の本来持っている能力をむしろ引き出しており、そこには人の所作さえもが生まれます。箸において日本人は、それ以上の進化による利便は求めてきませんでした。ですから西洋のフォークとナイフのような目に見える進化はしなかったものの、日本の箸は、ほぼ棒状のままの中国、韓国のそれとは異なり、かつ金属ではなく主に木や竹を使い、先をかなり細くすることで、より繊細な動きに対応できるよう微妙に進化したのみならず、漆塗りのような丁寧な表面仕上げや材質選びにも伝統が活かされてきました。このように当りまえの日常の中に、ほどほどのところで留めておきながら徹底的に突き詰めようとする日本らしさを見出すことができます。

食べるための道具は、食物と人間との関係によって進化してきたのですから、それぞれの国や地域の食文化全体の中で見極めていく必要がありますが、これだけ食の流通が行き届き、世界中の食べ物が手に入るようになった今もなお、日本の箸は、あくまで日本の箸であり続け、しかも日本食が世界的なブームとなり、箸を使いこなす海外の人々も増えている事実に注目すべきです。日本のデザインは内向きでガラパゴス化しており、もっと世界に打って出るべきである、といった発言を時折耳にしますが、これはとんでもない誤解です。誰々が派手にデザインした何々に、ではなく、アノニマス（匿名）な箸のようなものにこそ、世界に誇るべき日本のデザインが豊かに潜んでいるのですから。

もう一つ、忘れてならないのが「ふろしき」です。何十通りもの包み方があり、あらゆる包む対象に合わせた対応が可能なばかりか、使わない時には小さく畳んでおける。つまり自由自在に変化できる一枚の布の状態に留めてあるわけで、それ以上はデザインしていません。バッグのように持手を付けたり袋状に縫ったりは敢えてせずに、どこまでも原型を保ったまま使われ続けている。我々が何もかもを便利至上に走っていたのであれば、すでに息絶えてしまってもおかしくなかった道具の一つなのかもしれません。しかし人間の側に備わっている「考える」力や「適応する」力を引き出す余地をたっぷり残した「ふろしき」という一枚の布が、宅配便で何でも便利に届くこの時代にまでちゃんと残っていること自体が注目に値します。これも、やり過ぎないほどほどのデザインの典型なのです。

改めて申しあげるまでもなく、一枚の正方形の布であるがゆえに、「ふろしき」に施されるグラフィックデザインは無限の可能性に満ちている。今の時代、もっともっと便利さを求めてその場その場に合わせた様々な形態をつくり出しているのですが、ある意味で不便な一枚の布が、ほどほどなところで留められたことによって、無限と言いたいほど表現可能なキャンバスになっている。また、少しばかり昔の日本の生活を思い出してみるなら、普段は折り畳んで仕舞い、使う時だけパタパタと広げて、必要なところに置けば室内の間仕切りとなる「屏風」などにも、「箸」や「ふろしき」と同じ「ほどほど」が見えてくるはずです。今後甦るべき道具を、多く日常生活文化史に発見できるのではないでしょうか。

デザインを考えることは、人の豊かさとは何かを考えることに他なりません。今、二十世紀後半を振り返ると、生活道具をあたかもオブジェのように完成させて、その美しさを競った時代のように思えます。二十一世紀も同様にオブジェとしてのデザインを我々はなし続けるべきなのでしょうか。日常を少し見回してみただけでも、箸やふろしきや屏風のように日本人の振る舞いに準じて育まれてきた素晴らしいものが残っているのだと気づかされます。そしてそれらが体現しているのが「ほどほどを極める」なのです。人間の身体どころか心までを使わないで済むようにしてきてしまった必要以上の間違った便利さを見直して、ほどほどを極めるレベルを今一度模索しなければならない時が来ているようです。それこそは資源の問題、エネルギー問題、そしてこの国の文化的価値の問題などと密接に繋がってくると思われてなりません。

心と身体を使わないで済むような便利さが、果して人を本当に豊かにするのか。昔から普段よく言われてきた「ほどほど」や「いい塩梅《あんばい》」などの言葉が、実は日本人が忘れてはならない大切な感性をしかと伝えているのです。

対症療法と体質改善

頭が痛い時にとりあえず市販の頭痛薬を服用するなどして痛みを和らげようとするのは、今やごく普通のことです。この対症療法は、ご存じのように西洋医学由来の処方ですが、我々あたりの世代の大多数は、その薬が西洋医学的処方なのか東洋医学的処方なのかを一々意識することもなく、幼い頃から当然のごとく市販薬のお世話になってきました。全てにスピードが求められる現代社会では、身体が異常を知らせていても原因を明らかにする余裕とてなく、症状を応急に抑えるのが日常的です。

ケミカルな薬で即効性を求める西洋医学的対症療法に対して、なぜ頭が痛くなったのかの理由を探り、食事や運動や睡眠などのあり方を改善し、時には天然素材の漢方薬の力も借りながら少しずつ身体を調整していく結果として頭痛も治してしまおうとするのが東洋医学的病因療法で、身体が元々もっている自然治癒力を引き出す処方です。現代社会では早急に痛みを止める必要から対症療法に頼らざるを得ない場合が多々あるでしょうが、対症療法では身体の本質的な問題は解決しません。これは、企業の体質改善やブランディングにもそのまま当て嵌まることなのです。

売れなくなったからと、パッケージデザインを変更して「とりあえず」の数字を稼ごうとするのは、年に何百と新商品が並ぶコンビニエンスストアなどの棚では日常茶飯の光景です。売れなくなった原因を本質にまで掘り下げようとはせず、手っ取り早く目に見える表面的な部分のせいにする。まるで、服を着替えさせ新しげに見せかけて、その場を凌ぐようなものです。そうした商品のほとんどは短い運命を辿り、アッという間に棚から消えてなくなります。

こんな表面的な「とりあえず」の処方にならざるを得ない理由が実はあるのです。まだ若く経験も浅い流通の担当者が、永年物をつくってきた歴史あるメーカーの担当者に、このデザインでは古くさいだの目立たないだの分かりにくいだのと、その商品を育て守りたてようとの気概も物づくりへの敬意もなく、デザインや中身の変更を要求してくる。これに従わなければ棚にも置いてもらえず、店に商品がなければ売れるわけもないので、メーカーは、物づくりの大変な苦労を知ろうともしない流通の担当者の理不尽な物言いに従わざるを得ない。今や物を置いている流通側のほうが、物をつくっている側よりも圧倒的に強い存在なのです。

さらに、物を購入する側、つまり我々生活者も、こうした傾向を助長しています。ある物がつくられてきた背景なんて知ったことじゃなくて、ただもう安ければ安いほうがよい、あるいは中身は以前とほとんど同じなのに「とりあえず」表面を変えただけの商品を、タレントを起用したCFやら「新発売」と掲げられた広告宣伝やらに踊らされてついつい買ってしまうような、我々生活者も……。

そんな状況にあって、週販、と言われる一週間単位の短期売り上げ数値だけで、一つの商品の何もかもが評価、判断されてしまうようでは、ブランドの真の育成や企業の体質改善などできるはずもなく、いつまで経ってもパッケージデザイン変更やタレント起用のCMなど「とりあえず」の対症療法に頼らざるを得ない。メーカーの製品担当者も、企業やブランドが社会で存在する意義や真価を忘れて、販売実績の前年比増だけが、いつの間にか目的化してしまうのです。この悪しきサイクルが、近年、日本の物づくりをダメにしてきたのであり、物をつくっているメーカーの自信をも失わせているのです。

ある組織やブランドをきちんと見直さなければならない時、「とりあえず」の対症療法では根本的な問題は解決できません。目に見える部分だけ応急処置で綺麗にとり繕っても、いずれ本質的な問題は、美しげに装われた表面を突き破り、露《あらわ》になってしまうだけでなく、時間が経過している分、問題はもっと深刻化していて、結局、無駄な時間とお金がさらに掛かることにしかならないでしょう。

デザインの危険性は、とかく表面を美しくしてしまえるところにあります。つまり対症療法ならいくらでもできるのです。それと気づかぬまま、対症療法を処方しているデザイナーも少なくなく、根本的な問題を診ようとはせずに、「とりあえず」美しい服を着せてくれるので、受け取る側も表面上の美しさに目を奪われ、何だかよくなったように感じられたりします。ところが怖いことに、十年、二十年と時が流れる中では、上っ面のその場凌ぎは必ず暴かれてしまう。

「とりあえず」という言葉が、日本人はとても好きです。飲み屋に入って「とりあえずビール」はいいとしても、仕事においての「とりあえず」は対症療法に過ぎず、問題の先送りしか意味しません。ブランドや企業のヴィジョンを本質的に検討する時はむろんとして、ごく末端の仕事でも「とりあえず」を繰り返していると、知らぬ間に中枢を冒されていくので大いに注意すべきです。ですから、余計なお世話と知りつつも、仕事における「とりあえず」の使用を禁止されるよう強くお薦めしておきます。

変なものを愛でる

デザイン会議や諸々の仕事で海外に出る機会があるたび、私は必ず変な店を探して歩くことにしています。「変な店」については地元に詳しい人に聞きたくも、「変」のニュアンスがうまく説明できずに、自分で「変」の気配を感じとりながら歩き廻るほかありません。この「変な」に近い言葉は、「怪しい」か「奇妙な」、あるいは近頃ならば「ヤバい」になるでしょうか。さらに、これまで気になって入った店を思い浮かべてみると、これらに加えて、少しばかり「汚い」とか「古い」とか「やる気なさそう」といった共通項がある。だから当然のこと、新しい店は新しいというだけで興味の対象からは外れます。対する古くて変な店は、ピカピカのブランド店が並ぶ目抜き通りにはぜったいないので、裏通りを巡ることになるのですが、住宅街に至れば店そのものがなく、旧市街地の表通り商店街から一本入った路地あたりが狙い目です。念のため申し添えておきますが、変な、と言っても法律で禁止されている物品を販売しているような店ではありません。

歴史のある街の路地裏を歩いていると、薄汚く古びて、なんとも魅力的な店がかなりの確率で見つかるものです。ずいぶん昔からそこで店を構えてきたのであろう楽器屋だったり、古本屋だったり、文房具屋だったり、大工道具屋だったり、食器屋だったり、時には医療器具屋だったりと様々です。ふつう旅行者が好んで行きたがる店ではなく、旅行ガイドに載っているはずもない。もちろん、観光客目当ての土産物屋のような活気は感じられず、店頭を一見しただけでは営業しているのか閉めているのかすら分からなかったりする。つまり、商売っ気がまるでないのです。

恐る恐る入った店内は暗目で、何もかもうっすらと埃が積もっています。ということは、商品が商品として動いておらず、つまり客があまり入っていない証左です。品物の置き方がいい加減で狭いところに窮屈に並べてあるなどするので、下のほうの物を見ようとして屈んだ拍子に引いたお尻が後ろの物に引っ掛かり、落して壊したりするし、いつから積もっているとも知れない埃を舞いあげたくなく、静かに静かに動きながら、まだ見ぬ何物かをじっくり探すのがコツです。

BGMなどかかっているわけがない店内の物音といえば、私の足音と商品を物色するカサカサッという音くらい。と、いつの間にか年老いた店主が出てきていたりするのだけれど、客である私に声を掛けようともしない。私のほうから奥に声を掛けなければ誰も出て来ない場合だってけっこうあります。

こんなふうにして、ゆっくりじっくり物色していると、必ずそれに出会うのです。それとは、キノコの絵ばかりが載せられた古い本だったり、昔の牛乳の蓋だけを集めたコレクションだったり、悲しい顔のあやしい人形だったり、古い人体解剖図だったり、昔の医療機器だったり、日本の往年の歌手が描かれたポルトガルの団扇《うちわ》だったり、まず見かけた例《ため》しのない不思議な形のクリップだったりと、何に出会うか想像もつきません。このような変な物たちは、製造されてからかなり経っていて、今や誰からも見向きもされない。美術品や工芸品として認められれば誰かに大切にされ、いずれは美術館や博物館に収まることにもなるのでしょうが、これら変な物たちは、私が持って帰らないかぎり、その店で埃をかぶり続けているに違いない代物ばかりで、だから愛おしくて愛おしくてたまらない宝物に出会えた気持ちになるのです。

ゆっくり手に取って埃を静かに払い、しげしげと舐め回すように眺めてから購入しようと決め、店主にいくらかと訊ねれば、こうした物の多くは何年も、いや何十年も店頭に置きっぱなしにされたまま値段も付けられていず、たいがいその場でごく安い値が付くのです。それと似ている品を他の棚から持ってきて、オマケにしてくれることもあります。老主人は動きがゆっくりで、だから埃も立ちません。変な店は、老人と埃の関係で成り立っている空間と言うべきでしょう。特に立派な包装紙など用意してなく、古新聞紙にくるんでくれたりする変な品物を、物色に夢中だったので埃でコナコナになったままの手で受け取った私は、いくらもしないそれやこれやを、大切に手荷物扱いで日本に持ち帰るというわけです。

変な店での変な物探しを繰り返すうちに、私の事務所の私の部屋の置物用の棚を怪しい物たちで溢れさせてしまったのは何故なのか。買って帰らずとも、あの店で手が埃だらけになるまで撫で廻し、眺め眺めしただけでもいいはずなのに、と改めて自問自答してみて気づいたことが一つあります。

変な物の本当の魅力が、変な店で過ごしたくらいの時間では、まだまだ十二分に味わいきれていないからです。こいつの何が自分を惹きつけたのかを、近くに置いて目に留まった折々に眺め直しては考えたり思ったり、さらに感じたりする。と、不思議な事実に気づかされます。私が愛でている変な物には共通項があり、ぶ細工だったり、バランスが悪かったり、造りが下手だったり、変てこだったり、奇妙な色だったりと、通常、デザインの仕事をしていて目指す方向とは正反対といっても過言ではないようなキーワードが、次から次と浮かんでくる。意識してデザインをする時に考えるのはどうしても、美しくとか、きれいにとか、ちゃんとするとか、バランスよくとかであるはずなのに、自然に興味が湧いてしまう変な物たちは普段の仕事では考えられない特徴だらけなのです。デザインの仕事には造形力もむろん必要なので、非造形力と呼ぶほかないこれらはいったいどうしたわけなのだろうかと考えざるを得ません。自分自身の中で起きているこの不可思議な事実の中に、実は物事の真相が秘められているのではないか。と考えてみると、これは人間の意識と本能の関係にいささか似ていそうです。つまり、「意識」は美しいを求めてい（るふりをしてい）ても、「本能」ではそうではない何かをも素直に求めている。これは、美しさを常に考えるべき化粧品のデザインと、唾液を誘発させなければ意味のない食品のデザインの差異にも似たところが多分にあります。

唾液とデザイン

食べ物や飲み物のパッケージデザインでは、それを見た人の唾液を誘発できるかどうかが一番に問われます。化粧品など、口に入れない物のデザインでも、果実から抽出した成分が入っていたりする場合に美味しそうなイメージを利用することもありますが、でなければ、唾液が出るか出ないかは全く無用なことです。化粧品のデザインだと機能の訴求も重要ながら、美しくなるために作られた物である以上、デザインにおいても何より美しさが求められるべきで、大して美しくもないようなデザインが施されていていいはずはない。美しさの感じ方は人様々とはいえ、何らかの形で美しさへ誘なう印象のデザインになっていなければ。パッケージデザインは、パッケージされる中身を表現することがまず優先されるべきだからです。

ですから食品のデザインなら、見た目の美しさより、美味しそうに感じるかどうかが最優先されなければなりません。もちろん美しくなくていいのではないけれど、美しくても唾液を誘わなければ、食品として興味の対象にはなりません。これほど当りまえと言えば当りまえすぎる理屈のはずなのに、いざデザインをとなると、けっこう難しい。

では、人が何かを美味しそうに感じるとは、どういう現象でしょうか。例えば、これまで見たことも聞いたこともなかった飲食物に対しても、唾液は出るのでしょうか。ドロドロしたカレーやグロテスクなナマコを初めて目にする人には、説明がなければ口に入れてもいいかどうかの判断すらつきかねるのでは。

つまり、美味しそうに感じてもらうとは、過去の美味しい経験の記憶を呼び起こす、あるいは美味の経験を改めて編集することなのです。パッケージデザインでは、多くの人が持っている美味しい記憶に訴えるべく、パッケージの形、大きさ、質感、ネーミング、文字、写真やイラストのビジュアルを駆使して、「あ、これ美味しそう！」の気持ちを引き出して行きます。もちろんパッケージデザインには、それぞれの企業らしさやブランドらしさ、商品の機能性、内容物の告知など、他にも伝えなければならない要素が山ほどありますが、それらを踏まえた上で人々の美味体験の記憶をいかに引き出すかこそが、食品パッケージデザインの醍醐味だと言っていい。

ちなみに「醍醐味」の語源は、語尾に「味」とあるので食と関係があるのはすぐに察せられますが、元々は仏教用語で、乳を精製する五段階の最上級の段階、「醍醐」が転じて、

「本当の面白さ」とか「神髄」の意味になったのだそうです。ここにも「美味しい」が隠れていました。

ともあれ、唾液を出してもらうために工夫されるこうしたデザインに、醍醐味を感じるデザイナーは意外と少ないようです。とかくデザイナーは、デザイン言語を極力少なくした、所謂《いわゆる》シンプルなビジュアルにしたがる傾向がある。これは、要素を削ったシンプルな美しさでなければデザインにあらず式の教育を、大なり小なり受けてきたからです。美味しそうな写真が入ったパッケージならスーパーやコンビニでよく見掛けはしますが、それらを眺めてみると、何だか美しいパッケージデザインをはなから諦めている感じさえある。あくまで私の勝手な想像ながら、本当はこんなデザインしたくないのだけれど、売るため金のため仕方なくやってます、と言い訳が聞こえてきそうです。この体たらくは、欧米のモダンデザイン運動によって概念としての「デザイン」が確立し、ゆえにデザインと言えばすなわちモダンデザインなのだと、日本でもデザイン関係者の大多数が刷り込まれてきたことに起因するように思います。人類史上、デザイン（とは呼ばなかったにせよ）が必要なかった事例は一つもないはずなのに。

シンプルなデザインを初めて本格的に追求したのは、第一次大戦直後に設立され、やがてナチス政権によって潰されることになるドイツの学校、バウハウスで、ここが世界に広がったモダンデザイン運動の源流です。ほどなく日本に入ってきたモダンデザインの流れは、高度成長と共に経済の道具としてもいいように利用され、大きな誤解を生じさせることになります。というのも、モダンデザインがシンプルなのは近代産業に合理的な効率美や機能美を見出したからで、手法としてデザイン言語を少なくしたのも、そうした理由と意味があってのことでした。にもかかわらず、大量生産品が次々に作られ、物欲を掻き立てられて行く中で、モダンデザイン（と古来存在するデザイン）の本質を見抜こうともしないまま、要素を削ったシンプルさこそが今後あるべきデザインの姿だと勝手に思い込んでしまったのではなかったか。この思い込みは、「デザイン家電」だなどと言葉として明らかに「デザイン」が誤用されている状況が今なお続いている問題とひと連なりなのです。これはどこまでも私見にすぎませんが、デザインが物をひたすら売るためだけの道具扱いされ、本質的なデザインの意味が問われずに来たなれの果てだと思わざるを得ないのです。

かくして、デザインとはモダンデザインのことであると疑いもなく刷り込まれてしまったデザイナーは、食品のパッケージでも、とかく要素を削ってシンプルなデザインを目指しがちです。ところがその対極の、デザインを諦めているとしか思えないパッケージも数多い。私自身、モダンデザインが世界的に普遍のデザインだと刷り込まれてきた世代なので、その意義もまずまず理解しているつもりですし、その効能を今後の社会でも活かすべきだと考えていますが、刷り込まれてしまった概念は無意識のうちに方向を決めかねないところがあるので、恐い。デザイン＝《イコール》モダンデザインの刷り込みは、「デザイン」がデザインを意味する言葉として生まれたとたん組み込まれた遺伝子のごときものなので、抜きがたい手強さがあるのです。

食品のパッケージデザインでは、中身が美味しそうに思えるかどうかがまず第一に問われるべきなのに、デザイナーのほとんどがモダンデザインの道から外れまいとしてしまうため、本質を正面から追求したデザインがさほど多くないこの分野で、食欲という人の本能と直接触れ合うデザインの開拓に、私は少なからぬ醍醐味を感じているわけなのです。

食はそれぞれの国の文化と密接に関係しており、国ごとに食べ物ばかりか食べ方までもが違います。食についての言葉も文字の使われ方も、美味しそうに見える色ですら違うでしょう。食はきわめてローカルなものなので、普遍性などないと言っても過言ではありません。普遍性を探すこと自体が無意味です。しかし、デザインとは、元来が普遍性を探る行為でもあるので、地域性という最も大事な要素をついつい忘れがちになる。そして、パッケージの都合上、中が見えない場合は、中身をビジュアルで示さなければ、美味しさは伝わらないでしょう。分かる人にだけ買ってもらえばいい少量限定生産品などは別として、不特定多数の人に手にとってもらうもののデザインは、老若男女、誰にでもちゃんと分かる顔つきにしなければいけないのです。つまり美味しそうに感じてもらうために、写真の使用が必然であれば写真を、どうしても装飾が必要だと判断されるのであれば装飾を。

モダンデザインの考え方が当てはまりにくい、唾液に直結したようなデザインが、そんなものはデザインではないかの如く見なされる傾向がデザイン界にはあります。世界に流通する普遍的なプロダクトやインダストリアルデザインこそがデザインなのであって、地域性に根ざしたデザインなんて、取るに足らないと思われてしまう。それが証拠に、グラフィックデザインに与えられる賞の審査会では、どれだけ売れて社会的に大きな影響力を持っていたとしても、美味しそうな写真が使われているというだけで、そのパッケージデザインにはまず票が入らずに落選してしまう。当然、結果はデザインの年鑑や本に紹介されるので、デザイン学校など教育現場にも影響して、そんなデザインは本道ではないと刷り込まれて「売るためのデザイン」とされてしまう。しかし、よき物を売るためにしっかり工夫されたデザインを、お金のために身を売った闇雲なデザイン紛いと同一視して疑わない感性のほうが、どう考えてもおかしい。デザインを高尚ぶって見せるのと、儲かるためにデザインぶって見せるのとは、じつは同じ誤りの裏表にすぎないのです。

こんな次第で、なかなか唾液に繋がるデザインの考察はされてきませんでした。まだしもパッケージデザイン業界ではこれを評価する傾向を感じはしますが、広い意味でのデザイン業界となると、まだまだ理解されていません。しかし、人は食べなければ生きていけないのです。食を通じて地域地域に根ざしたデザインに正面から取り組むことが、それぞれの地域らしさを今後どう残し、生かしていくか、さらには、国の将来にも繋がることでしょう。食は今、デザインの重要なテーマになってきていると思われてなりません。

しかし、それを阻む厄介事がある。何度でも書きますが、デザインとは何か特別なものであるとする残念な誤解です。格好いいものがデザイン、でなければデザインにあらず。有名なデザイナーが手掛けたものでないとデザインされているとは言えない。新しくなければデザインじゃない。こういった深刻な誤解が現代社会には巣くい続けているばかりか、誤解に気づかぬメディアが「デザイン家電」や「デザインケータイ」などと報じて誤解をさらに増幅させている。これはデザイン教育の問題というより、それ以前の一般教養の問題ですから、かなり根が深い。だからこそ、子どもたちのための教育がいかに大事かを痛感させられます。

ところで、シズル（sizzle）なる言葉をご存知でしょうか。元々は肉などがジュージュー焼けるさまを表現する言葉でしたが、つい美味しそうで唾液が出てしまう時に「シズル感がある」といった具合に使われるようになり、今や日本ではその意味が拡がり、食べ物を超え、ある物らしさが人を惹きつけることの表現にも用いられるようになりました。そして、これまでデザインとして正面から扱われて来なかった、つい唾液が出てしまうようなデザインは、人の本能に直接訴えかけるデザインとして、もっと研究が進むべきだと思います。我々は普段「美しい」は、右脳で直感しているのだと考えていますが、実は左脳が判断して思い込んでいる場合がけっこうありそうです。これは、過去にこれこそが美しいと教えられてきた記憶と照らし合わせて美醜を分類しているのでは、という私の勝手な仮説です。もちろん純粋に美しいと感じることだってあるでしょうが、人は様々な学習を積んでいくうち、あらゆる物事を概念化していき、このようなものが美しく、このようなものは美しくないと思い込んでいる場合もあるのではないか。以前美しいと思った事例と近いものは、左脳で美しいと自分に思い込ませている節がある。日常的に出会うのは、ほとんどが既知の事物のバリエーションですから、それらの記憶と瞬時に照らし合わせて概念として美しいと思い込もうとする。

心から美しいと感じる夕焼けは、もちろんありますが、目の前で起きているこれは夕焼けなんだから、よって美しいに決まったものなのだと思い込もうとしている自分に気づいた経験はありませんか。名作の印象派絵画が展示されている展覧会に行って、長蛇の列に並び、ようやく名画を目にした時に、本当に素晴らしいし美しいと感じているでしょうか。これだけ列に並んだんだから、美しいと思っておかなければ、のさもしい気持ちが、僅かなりとも心のどこかに潜んでいないか。美しさの感じ方をちょっと疑ってみると、けっこう興味ぶかくて、つまり「美しい」とは大きく分けて、素直に美しいと感じるのと、概念的に美しいと思おうとするのとの二通りなのです。そして後者の概念的に思う「美しい」は、本当に「美しい」のだろうか。そんなものは、嘘の美しさでしかない。さらに面白いことには、本当に美しさに感動している瞬間は、言葉になどなりはしない。直後に、これは何だろうかと自分に問い、さらに、これは「美しい」が最も相応《ふさわ》しい表現であると気づき、人はようやく美しいと言語化するものなのです。だから、綺麗な女性を前にすると、たちまち美しい美しいを連発する男性などは、まあ信用が置けないというわけです。

そのような意味で、口に入れるものと入れないもののデザインは、明確に区別して考えるべきなのです。なぜなら、口に入れないものは左脳に訴えかけても右脳に訴えかけても、「美しい」を基準にデザインすればいいのですが、唾液を誘発させるためのデザインは、もっぱら右脳に訴えかけなければならないからです。美味しそうだ、に身体は嘘をつきません。唾液が出るのは、完全に身体がそれを受け入れようとしている状態を意味しています。どうぞ口から入ってきてくださいと身体が訴え、感覚的に受け入れているのです。人は口から毒が入ると死に至ることを本能的に知っています。だから鼻は口のすぐ上にあって、口に入る前に危険を嗅ぎ分けられるようになっている。腐っている食物を瞬時に判別し、身体には取り入れないよう脳から指示が出て、唾液の分泌は止まります。唾液に嘘はありません。つまり唾液について考えることは、理屈上の美しいだけでは済まされない、人の本能と直結した問題を考えなければならず、実に面白いテーマなのです。もちろん悪意をもってこれを利用するなど以ての外ですが。

日本人が大好きなラーメンを取り上げてみましょう。美味しかったラーメン屋さんを思い浮かべてみてください。その店は果して美しかったでしょうか。洒落たコンクリート打ちっ放しだったりする建物の新しいカフェのような店内で、モダンなデザインの椅子に腰掛けてラーメンを食べましたか。もっとも最近ではニューヨークやパリでもラーメン屋が流行っているそうで、食習慣が違う海外の店がどんな様子かは知りませんが、少なくも日本においては、綺麗で美しいラーメン屋を美味しそうだと思う人はまずいないのでは。建物は古びた木造、暖簾は何度も洗濯したらしく白地に墨の文字がいささか褪せており、長く使い込んだテーブルも椅子も掃除は行き届いているけれど、それでも残った油の染みは、むしろ好もしい。これはいつ貼ったものなのか、日焼けで黄ばみ、壁に馴染みきった品書き。そんなふうな店でこそ唾液も出て来ようというものです。もしこの店を、何もかも削ぎ落としてしまいそうなデザイナーあたりがいかにもモダンに改修でもしようものなら、もう台なしです。お洒落とか洗練とかからはほど遠い、いや、全く別の基準がラーメン屋さんにはあります。ここで求められているのは概念的な美しさではなく、明らかに人間の本能に訴えかけるシズルなのです。居酒屋もしかり。雑然と飾られた熊手やコケシや座布団にのった招き猫の置物が店の雰囲気のむしろ味わいを醸してシズル感を高めもする。ところが、日本人の本能に根ざすこうした本音を、デザインに積極的に生かそうとする試みさえ見当りません。西洋伝来のモダンデザインだけがデザインだと刷り込まれているので、身近に触れなじんでいて、当のデザイナーだってほんとは大好きなはずのこのあたりが、デザインの観点からはちっとも語られていない。モダンデザインを「左のデザイン」として、唾液に繋がるシズルのデザインは「右のデザイン」だと捉えてデザインの両輪に据えるなら、日本という国の良さがもっともっと発揮されるのではないかと思われてなりません。

かつて柳宗悦が提唱した民藝運動も、西洋流モダンデザインに対して、日本に根付く日用雑器に光を当てた素晴らしい活動でしたが、さらに今、本能的に正直な心理により分け入っていけば、何でもない、特別に美しくもない、古くからある空間や事物の中に、日本的な良さがさらに見えてくるのではないでしょうか。事実、海外からの旅行者を古くて美味しいラーメン屋や居酒屋に連れて行くと、たいてい「こういうところにこそ来たかった！」と喜んでくれるのです。日本人自身も、海外からのゲストも、本音で大好きなこのシズル感たっぷりの空間にはデザインを見ず、お洒落なカフェばかりがデザインされていると誤解してしまう。グローバルの意味を、日本人がいまだに勘違いしている証左でしょう。美麗に喧伝された表層的な日本ではなく、本当の日本を世界にちゃんと伝えていきたいものです。そして、それにはデザインがなくてはならないのです。

モダンデザインが正面から分析してこなかった、未開拓といって過言ではないシズルのデザインに、これからの可能性をとても感じています。デザインといえば、洗練・美しい・シンプル・機能的・効率的・便利などのキーワードが挙がりますが、そこから見逃されてきた、もしくは排除されてきた、全く逆を意味する言葉、洗練されていない・美しくない・複雑・機能的ではない・非効率・不便などに、実は近代が避けてきた大切な事柄が潜んでいるように思えて仕方ありません。もちろんこれは、モダンデザインそのものを否定しているのではなく、「モダン」と「シズル」を両輪にして、デザインの意味と理解をより深めたい、ということなのです。ガラスに覆われたビルが立ち並ぶモダン都市にも、ゴチャゴチャした飲屋街やダウンタウンがなぜ存在し、ひいては必要なのか。そこを無視したままでは、デザインの本質などけっして見えてこないのではないでしょうか。

パッケージデザインの現場

ひと口にパッケージデザインと言っても、固形物、粉状のもの、液体など、内容物によって求められるところは様々です。中には段ボール箱のように、パッケージされた商品をさらにまとめて入れる大きなパッケージもある。包む行為を広義に考え直してみると、私たちが寝起きしている家屋は日々の営みのためのパッケージであり、車は人が移動するための動くパッケージです。このように捉えてみるなら、普段は単に箱や入れ物でしかないパッケージの概念がかなり広がりますが、ここでは概念云々ではなく、ごく日常的なパッケージデザインがどのようにして生まれたのか、その背景を事実に基づき少し詳しくお話ししてみます。

食品パッケージのデザインは菓子類はじめ数多くの仕事を経験してきましたが、牛乳についてては「明治おいしい牛乳」が初めてでした。食のインフラと言っても過言ではないほど全国に流通している牛乳は、大抵の家庭の冷蔵庫に入っていますし、コンビニにいつも置かれているような商品のデザインを少しでも良くできないものかと、長年、様々なパッケージデザインに取り組んできた私は、この依頼を喜んでお引き受けしました。二〇〇〇年のことです。

相談を受けた段階で決まっていたのは、牛乳では初めて使用される製法で商品化がなされることだけでした。この製法が正式に「ナチュラルテイスト製法」とようやく名づけられたのも、仕事が始まって少し経ってからだったと記憶しています。牛のおっぱいから搾り出された生乳が大気に触れて、どんどん乳の中に入り込んでしまう酸素を、殺菌工程の直前で最大限取り除く。つまり乳の中に入り込んでしまった酸素が熱処理で殺菌する時に味の邪魔をしているのではないかと気づいたことから考案された画期的な技術で、すでに大量生産に耐えうるところにまで来ていました。

そして、この製法が開発された理由そのものが、後々この商品のデザインを最終的に決定する上で重要な意味をもってくることになるのです。

ネーミングについては決定には至っていなかったものの、何百という案の中から調査が何度も重ねられ、私のところに来られた時には三案に絞り込まれていました。通常、大量生産品のネーミング開発では、おびただしい数の名称がすでに商標登録されており、思いつくネーミングはほとんど登録されている、すなわち使えないと思ったほうがいい。よって、ありがちなネーミングも一応検討しつつ、単語と単語を繋げて造語してみたり、登録されていないであろうネーミングをああでもないこうでもないと案出することになる。もし、どうしても商標登録済みのネーミングを使用する場合には、権利者から商標権を借りる、または買い取るなど、ネーミングの決定は思いのほか大変な作業なのです。

初めての打ち合わせで、早速、絞り込まれた三つのネーミングをお聞きしました。

一つ目は「美味」。「びみ」と読み、読んで字のごとく「美しい味」。「おいしい」を漢字表記した「美味しい」の漢字二文字であることも、日本人であれば瞬時に感じとれるでしょう。

二つ目はアルファベットで「PURE-RE」。「ピュアレ」と読みます。純粋を意味するPUREにREを付けて語感をよくしたもの。PUREのREとハイフンの後のREがダブって、文字の並びもなかなか綺麗ですし、REは英単語に接頭辞として付けば「再び・更に・新たに」の意味合いになる。アルファベットの使用によって、牧歌的というか田舎っぽい牛乳のイメージを払拭して、「新たに」都会的な印象にした案とすぐに読み取ることができます。

三つ目の「明治おいしい牛乳」には、他の二案にはない大きなリスクがありました。商標登録ができないのです。「おいしい牛乳」はごく一般的な名称であり、一般名称として広く認識されているこうした言葉は商標がとれません。例えば「美しい」が商標登録されてしまったら、登録した会社以外は「美しい」という商品名を使用できなくなってしまう。商売のために一企業あるいは一個人に何気ない言葉の権利をそこまで保持されては言語活動全般に不都合が過ぎるので、日常よく使われる言葉は最大限誰もが使えるように、一般名称は商標登録することができません。だからと言って商品のネーミングにできないわけではありませんが、もし「おいしい牛乳」をネーミングにした場合に、後から他社が同じ名前の商品を出しても商標的観点からはなんら文句は言えないというリスクが伴うのです。

さて、何百もの中から絞られた由の三案をお聞きした私には、正直、どれもあまりいいネーミングだとは感じられませんでした。

「美味」は力が入り過ぎている。牛乳は毎日ふつうに飲む食品であって、高級料亭で供されるような特別な乳製品とは趣がまるで異なります。それを力強く「美味」と言われても、なんだか気持ちが引けてしまう人が少なくないのではないか。

「ピュアレ」は声に出してみて、ちょっと気恥ずかしさを覚えました。お洒落な印象で語感はたしかに現代的ですが、牛乳を飲むのは若者だけではなく、子どもから年配の方まで多様です。スマートなネーミングだけれど、比較的若い人向けの商品だと誤解されてしまうのではないか。

そして「明治おいしい牛乳」については、少なくともこれはないな、と思いました。商標登録の問題以前に、これがそもそもネーミングになり得るのだろうか。提供する側から「おいしい」と言っていいものなのだろうか。美味しいかどうかは買って飲んだ人が判断することではないのか。

様々な疑問が瞬時に頭に浮かび、これらが最終案と聞いて、目の前が少なからず暗くなりました。しかし長い時間を掛けて真剣に調査・検討をされた結果なのです。どれもあまり……と正直にお伝えできる雰囲気ではまったくなく、とにかく、これらをパッケージデザインに落とし込んでみるしかないなと心に決め、そのようにお伝えしました。本心を気どられぬように、笑顔を心掛けながら。

ここで、当時の明治乳業が、牛乳市場で一般生活者の眼にどのように映っていたのかを確認しておきます。私も毎日のようにコンビニに入り、時々スーパーマーケットにも足を運びますが、あの頃、明治のヨーグルト、などならよく目につき覚えてはいたものの、牛乳の記憶はほとんどありません。現在のように明治製菓と明治乳業が統合され、社名が

「株式会社 明治」になる以前の話です。つまり社名が「明治乳業」だった頃。社名には「乳」とあるにもかかわらず、乳業の代表商品たるべき牛乳が他社に比べて店頭に並んでいる数がとても少ないのだから、一般生活者の頭に思い浮かぶ明治牛乳があるわけもない。業務用という、一般生活者の目に入らないルートではかなりの量が流通していたのは確からしいのですが、やはり何と言っても一般生活者の目の留まるところに牛乳が置かれていない現実は、乳業としては残念な状況でした。当然、一般流通に「明治牛乳」を置いてもらうことが、明治乳業の悲願であり、大きな課題だったのです。

では牛乳を取り巻く当時の市場全体はどうだったのでしょうか。これについても検証しておく必要がある。現在も、デフレの影響で価格競争が激しく、一円でも安い商品が求められる市場環境は変わりません。酪農は装置産業と言われています。殺菌以外の全ての工程が冷蔵で、しかも生のままものすごいスピードで処理され、殺菌後にはパッケージに詰められ、新鮮かつ安全な状態で店頭まで運ばなければなりません。

さらには、牛乳の元になる乳を出してくれるのは他でもない雌の牛です。餌も食べれば糞もする。餌の調達や糞の処理は、黙っていたら誰もしてくれません。牧場で働く人たちが、このすべての作業をこなしている。牛は生き物であり、生きることに休みはなく、牧場での牛の世話にも、もちろん休みはない。また、牛の健康を保つためには歩かせたほうが良いので、牧場には牛舎から乳を搾る装置がある場所まで、牛を移動させるコースが周到に準備されているのをご存知でしょうか。人間と同じく、牛も体を適度に動かさないと健康は維持できません。加えて気温差が激しい日本の四季の移り変りへの臨機な対応。そして案外忘れられがちなのが、雌の牛が乳を出すとはどういうことなのかについて。つまりそれは、乳飲み子のいる母牛にしかあり得ない状態なのです。着実に乳を集めるには子育て中の雌の牛を安定的に飼い続けている必要があり、牛舎に放っておけばどの牛も乳をどんどん出してくれるわけではない。日ごとに出る糞も半端な量ではなく、大きな屋根の下に山積みになった糞は醱酵させた後で肥料等に回されますが、これの処理だけでも多大な手間が掛かります。糞は畑の肥やしとばかり肥溜めに入れておきさえすればよかった昔とは違い、衛生管理と周辺への臭い対策もおろそかにはできません。かくて酪農とは、常に同じ生産物の安定供給を要求してくる社会のシステムと、激変して予知不能の自然の間で、人と動物の日々の営みを一体にしてバランスをとらねばならない、本質的に大きな矛盾を抱えた、極めて困難な仕事なのです。

牛乳が私たちに届くまでには、牛の餌も糞も受精も健康も温度管理も全て安全にクリアし、店頭まで運搬する工程を含め、無駄のない早さで流通させている。私がデザインを依頼された紙パッケージにしても、大量に印刷されて確実に納入されていなければ、入れ物のない牛乳は商品にはなり得ません。

こんな厳しい現実を知らない我々一般生活者は、牛乳をどう意識していたでしょうか。意識もなにも、毎日無意識に飲んでいる白い液体食品の味の善し悪しまで吟味するはずもなく、店頭で幾多の牛乳が並んでいれば、とりあえず安いほうに手が伸びるので、スーパーマーケットなど小売業も、隣りのスーパーより一円でも安く売ろうとする。一円でも切り詰めることが罪のない生活の知恵であるのは確かですが、悲しいことに牛乳を生み出す酪農の、休みなく動いていなければならない装置産業としての厳しい背景など誰にも認識してもらえないまま、安売り競争に否応もなく引きずり込まれていた。

つまり、そうした中で、限りなく搾りたてに近い美味しい牛乳の味をできるだけ味わってもらいたい、との想いが「ナチュラルテイスト製法」なる、牛乳にとっては画期的な技術に繋がったのです。

以上の背景を踏まえながら、この牛乳を製品化するパッケージデザインの作業が始まりましたが、これはすでにある牛乳という商品群に、新たな製品のバリエーションとして一つ追加するような簡単な作業とはまったく違いました。数多くの人のひたむきな想いが、ひとつの牛乳に込められていたのですから。ともあれ、自分としてはどうも納得できていない三つのネーミング案でしたが、それぞれをパッケージデザインに落とし込んでいくことなるのでした。

牛乳のようにすでに市場が確立されている商品群に新商品を投入する場合、まず、生活者の嗜好も含め、その商品に対して社会がつくりあげてきた観方、感じ方をよく検証する必要があります。これまでの牛乳のデザインは、どんな方向性に分けられるのか。それらはどういった考えに基づいてデザインされたのか。ごく日常的に接する商品のデザインは、格好よさや、目立つことが目的になってはならないのです。表現力をより身につけているデザイナーほど、つい表現に溺れる傾向がある。むろん私自身もその例外ではありません。だからこそ、牛乳が置かれている社会的状況を冷静かつ客観的に把握しようとする姿勢はとても大事で、その検証を経た上で、方向性を見極めていきます。

三つの方向性が考えられます。第一に、すでにある観方や感じ方の中で考えていく方向。多くの人の記憶にある牛乳らしさに則ってデザインをするわけです。第二に、それとは逆の、牛乳としてはまったく新しい観方、感じ方に仕上げていく方向。となれば、第三には、その両者の中間くらいの方向性があり得るのではないか。

さらに、第一の方向性を検証し整理し直してみると、大きく二つに分けることができるのでした。一つ目は、牧歌的な方向。牛乳が搾り出される牧場の具象的イメージで、とても素直な方向と言えます。牛の絵や、牧場のイラストレーションが描かれているような素朴なパッケージ。伝統的な懐かしい牧場イメージのシンボルマークを使っているものなどもこの方向性に入ります。

二つ目には、イラストや写真などはなく、色面《しきめん》を使ったグラフィカルなもの。色面とは、読んで字のごとく色の面で、単純な色地をパッケージの表面に配置しています。冷たくて清潔なイメージの青色を下半分に敷き、上半分を白地のままにすれば、そこに商品名が入っていても、離れて見て白と青のツートーンの印象がしっかり残るパッケージデザインは可能です。当時、牛乳といえば青色が主流で、市場で一番売れている牛乳は白と青のツートーンでした。また、白の地色にオレンジ色を印象的に使った牛乳なども店頭に並んでいたものです。

続く第二の方向性に分類できるのが、言わば「牛乳らしからぬ」もの。大胆な色と奇抜なロゴを用いた、一見しただけではとても牛乳とは思えないデザインで、これにさらに牧歌的なイラストレーションまで配してあるものなどは、第三の方向性に分類できそうです。第二、第三は目立つことを優先させたつもりなのでしょうが、なんだかゴチャゴチャした印象しかありませんでした。つまり記憶に残らない。これらに比べると、第一の牧歌的なものと色面で構成されているものとは、デザインのハッキリした考え方が伝わってくるので、記憶にも残る。

とすれば、牛乳のパッケージにおいては、それらしからぬ方向のデザインは、どうも不向きではないのか。牛乳らしくない方向でいくら質の高いデザインを目指しても、それが定番になるとは、とても思えないのでした。冷蔵庫に過激なデザインの牛乳を入れておきたい人はそんなにいないでしょうし、ゴチャゴチャ汚いデザインのパッケージを食卓に出したい人もいないはずです。このように分析してみると、誰もが共有できそうな感覚が、朧げながらだんだん見えてくるのです。

しかし、ここまで追い込んできて、当然といえば当然すぎる大きな問題に気づかされました。新しい製法による新しい商品が世の中に出るというのに、今までにあったようなデザインでいいのか？　結論から言ってしまえば、いいわけがない。パッケージデザインは中身を伝える仕事ですから、単純に考えてみても、中身が新しい製法であるなら、見た目も新しくなければならないのは節理でした。

様々な仕事をしてくると、時には一瞬で方向性が見えることもありますが、この仕事ではそう簡単に方向を見つけられませんでした。

それでも作業を続けなければ出口も見つかりません。牧歌的なものと色面を大胆に使用した二つの方向性でビジュアルを考え、それぞれに例の三つのネーミングを当ててはめてみると進むべき方向が見えてくるのではないか。手探りで進むしか方法はないのです。その間も頭の中では、あらゆるアイデアが次から次にひらめくので、そのつど、思いを前後左右に巡らせて、これは有りや無しやと検討するのです。問題の打開策がどこに潜んでいるかは予測不能で、ほんの小さな気づきであっても、記憶から遠ざかる前に可能性を摑むべく気持ちを集中させます。

美味という漢字を牧歌的なデザインの中に入れてみる。次に白い紙パックに青い色面を広くとったツートーンカラーの中に美味と入れてみる。さらには、一度はあり得ないと判断した、牛乳らしからぬ大胆なデザインの中にも。例えば、大きな白黒の牛柄の中に美味と置いてみる、というような。これなどは、やや子どもっぽくなってしまうので、まずあり得ない方向ながら、あり得なさをクライアントと共有するために、目に見える状態にしておいたほうがいい場合もあるのです。

こうした作業を三つのネーミングについて、それぞれ繰り返し検討しているうちに、「あ」と気づいて手が留まる時がある。

ネーミングを人に知らせる前に、なにより「明治牛乳」が目に入るパッケージにする必要があるのではないか。これまで明治を代表する牛乳が店頭になかったわけなのだから、ネーミング以前に、「私こそは明治牛乳です！」の見え方が優先されるべきではないか。

　話はやや横道にそれますが、こういうことを思いつくと、スケッチ用に小さくカットした失敗コピー用紙の裏に、使い慣れているシャープペンシルでラフを描きます。紙のサイズは七センチ×十センチ程度で、真っさらな紙だとなんだか責任を感じてしまいそうで、失敗したコピーの裏程度が気軽に描けて丁度いい。経験を積んでくると、どんなデザインでも基本の考え方を検証するには、これくらいの小さな紙で充分です。小さくスケッチしてみて、「この方向は確かにあるな」と感じると、隅に小さな赤い丸を付ける。一つ方向を見つけた喜びがあります。そんな小さな紙っぺらに大きな可能性があるかもしれません。が、描いてみて「ないな」と思ったら即座に握りつぶし、ゴミ箱へ放り込みます。

「明治牛乳」が目につくべきと思いついた時は、横書きの「明治」の下に、同じく横書きで「牛乳」と書き入れました。すると、「明治」と「牛乳」が、漢字二文字ずつ二行でひとつの塊となり、それを円の中に入れれば、そのままシンボルマークのようにもなると直感したので簡単にスケッチしました。順序立てて記述するとやや長くなりますが、「あ」と思いついてからスケッチが出来上がるまでで十秒ていどでしょう。

　円に入れた「明治」「牛乳」を、いただいた三つのネーミングよりも押し出して見せる新たな方向も、よくよく検討してみたところ、この見せ方は確かにあり得るのでした。重要なのは、何らかの気配を感じた場合には次々に取り入れてみる柔軟な姿勢だと思います。この時は「明治」「牛乳」を円の中に入れる案と同時に、白い縦型の牛乳パックの正面に堂々と縦に大きく太い文字で「明治牛乳」と入れる案も思いつき、つくってみると、これはこれで確実にあり得る方向でした。この案の「明治」と「牛乳」の間に小さく横書きで「おいしい」を入れれば、遠くからだと「おいしい」は見えずに「明治牛乳」と読めて、近寄って見ると「明治おいしい牛乳」と読むことができる方向なども、プレゼンテーションでお見せする案に発展しました。

ところが数日後、縦に「明治牛乳」と入れた案を冷静に見直していて、あることに気づきました。このままでもプレゼンテーションでお見せして検討し得るレベルには達しているし、「明治牛乳」の太くて角張った書体は、ハッキリ読めて強い印象にはなるものの、牛乳の滑らかな質感から遠すぎるのではないか。

だからといって、滑らかさを出すために文字に丸みを持たせてしまうと、今度は良質感を損ないかねない。そうせずに、もっと親しみを感じられる方向にできないだろうか。ならば親しみやすいキャラクターを付けてみてはどうか。ただし、牛乳は子どもから年配の方まで親しまれなければならないものだから、子どもっぽいキャラクターを入れるのではなく、大人もつい微笑んでくれるようなアクセントを付ける意味で。

いろいろ考えた末に思いついたのが、私が小さな頃にはよく見かけた、自転車に乗った牛乳配達のお兄さんのシルエットでした。自転車の宅配システムはほとんど見かけなくなっていましたが、毎朝、牛乳を一瓶一瓶、人が丁寧に配達していた頃の「届ける想い」が込められたシンボルとして、そのシルエットをスケッチし始めたのです。

顔はあまり具体的に描くと好き嫌いが出るので丸くして、横からのシルエットなので鼻くらいは付けて、帽子を冠っていたに違いない、こんな感じの帽子かな、などと頭の中でブツブツ呟きながら小さな紙にスケッチします。ちょっとイメージと違う輪郭になってしまった時には消しゴムではなく、デッサンなどで使う練りゴムで輪郭を整えます。練りゴムはカスがほとんど出ないのです。自転車のペダルは、右足と左足をうまく表現しやすい位置にしよう。後ろの荷台に牛乳瓶が並んでいる様子を縦線で描いているうちに、また「あ」と思いつきました。荷台をよく見ると、牛乳瓶の列がMEIJI MILKと英字になっているのはどうだろう。ブツブツブツブツ頭の中で言いながら、十分くらいでMEIJI MILKを運ぶ牛乳配達のお兄さんがほぼ出来上がり、そのラフスケッチをスタッフにスキャンしてもらいました。コンピューターで墨のシルエットにする時にも、元々の鉛筆のラフスケッチは、厳密にいえば輪郭がボケており、どの辺りをハッキリした輪郭にするかは難しい判断なので、一度シルエットにしてもらったものを紙に出力して、その輪郭をシャープペンシルと修正液のホワイトで、丁寧に満足いくまで直します。私は今でも、最終的には紙に手描きで直しを入れ、仕上げるのです。

このキャラクターを縦に太く「明治牛乳」と入った案に入れてみると、これがなかなかいい感じでした。

丁寧に丁寧にデザイン要素を作り込んでいくと、やはり自分としてはどうしても捨てがたいものになっていきます。それが時には、余計なことだったりするのに、気に入ってしまうと、そのように思いたくない。「塑する思考」の章でも書いているように、どれだけ多くの経験を積んでも、「自我」は放っておくとフツフツと顔を出すものです。

牧場に牛がいる牧歌的な絵が入ったパッケージや、青色を大胆に使ったもの、明治乳業のコーポレートカラーである赤を印象的に使ったものに三つのネーミングをそれぞれ入れ、さらに「明治牛乳」を何よりも目立たせたものも加え、かなりの数の案が出来上がりました。そして牛乳配達のお兄さんキャラクターの入ったものも。

私の場合、つくったデザインをどれもお見せするわけではなく、方向性の似通ったものは自分の責任でいいほうを選び、ダメなほうは捨て、全て方向性の違う案を残していきます。プレゼンテーションのやり方はデザイナーによって異なり、これぞと思う一案だけを見せる人もいれば、少しの違いも極力見せようとする人もいますが、私はそのどちらでもありません。自分が一番いいと思ったデザインもちゃんと見せるけれど、方向性の違いもちゃんと提案します。自分の作品ではなく、クライアントの作品をつくっているのですから、店頭での売り方や広告宣伝での媒体の使い方、さらには発売後の育て方などの違いで、パッケージデザインの考え方も当然変わってくるので、それらをシミュレーションすれば自ずと方向性の違いが出てきます。そこをきっちりと理論的にお見せするところにプロのデザイナーとしての責任があるのだと若い時から心得て仕事をしてきました。このやり方なら議論ができます。一案だけでは議論にならず、似たようなものがいっぱいあっても迷うだけでしょう。適正な議論ができる状態に持って行くのも、プロの仕事です。

最初のプレゼンテーションには二十案ほどを準備できました。その中に、他とはやや方向性の違う、最後に作ってみた「できるだけデザインを感じさせない」異色の案が入りました。

基本的には単純に、太くて大きめの楷書体で「おいしい牛乳」を縦に置いた素直なデザインです。初めは何だか物足りないくらいながら「こんな感じの牛乳があってもいいんじゃないだろうか」程度の案でしたが、他の案と比べて見ていくうちに、どうもいい感じがしてきたのです。その気配は、ニッカのピュアモルトウイスキーの時と通じていました。すなわち「デザインをする」のではなく、「できるだけデザインをしない」方向。ふつうに生活している人にとって、毎日冷蔵庫から出す牛乳にデザインを感じたいだろうか。牛乳にデザインデザインしていて欲しいだろうか。私はデザインを生業にしてはいても、仕事を離れれば一生活者であり、その生活者としての視点を忘れてしまうと危険だと思っています。少なくともできる限り、一生活者からの視点を忘れないでいたい。つまり、牛乳が牛乳以下であっては困るけれども、牛乳以上であっても困る……と、頭の中ではこのように言語化していました。

そんな生活者としての想いがあるからこそ、このもの足りないくらいの案に私は惹かれたのでしょう。なんだか変な言い方に聞こえたかもしれませんが、デザイナーは自分で試みたものを、まるで他人の仕事であるかのように客観的に見る訓練を常にしていなければなりません。実際、少し時間をおいて客観的に見直してみると、自分でも思いもよらなかった良さに気づくことがあるのです。

さすがに、白地に縦の楷書体で「おいしい牛乳」と入れるだけでは多くの人の記憶に残るパッケージにはならないと考え、上のほうに、たまたま明治のコーポレートカラーだった赤の色面を設けました。世間では青い印象が強かった牛乳パッケージ群の中へ、まったく逆の赤い牛乳を登場させようという大胆な発想です。牛乳パックが店頭に並ぶと上のほうが連なって見え、頭が白いと白っぽい色が多い店頭では存在感がなさ過ぎる。そこで少しでも印象に残るように、色を入れたりマークを入れたり言葉を大きく入れたりと、方法はいろいろあるのですが、この案の基本方針が「できるだけデザインをしないデザイン」だったので、必要最低限の処理で赤い色を入れました。赤い帽子をかぶせたようなパッケージです。上から下まで赤い色面にしてしまうわけにはいきません。そんなことをしたら爽やかどころか暑苦しいだけでなく、肝心の商品名が読み辛くなってしまうからです。白い中に少しだけ赤があるのであれば、牛乳らしさの点でも成立する。なによりこの案では「おいしい牛乳」の縦組みの文字は白い地にスッキリと表現したい。また上のほうに赤い地色を入れるにしても、そのためにネーミングが下がるようなことがあってはならない。スーパーマーケットやコンビニに行って改めて見ていただきたいのですが、下のほうは店頭の什器に隠れてしまう。ネーミングが読み辛いのは商品として致命的です。だから、ネーミングを少しでも上のほうに置けるように、赤い色面の下側を水平にはカットせず、真ん中を丸く削ったようなアーチ形にしてみました。これによって、店頭で大量に並んだ時に丸いラインが左右につらなってリズムが生まれ、楽しい印象にもなります。牛乳パック独特の斜めの屋根のような天面にも、上から見た時に商品が分かるように名前を入れ、その他の文字要素をレイアウトして、それなりの形にしました。

すると、必要以上のデザインを施していないこの案が、「おいしい牛乳」というネーミングらしからぬネーミングとともに、なんだかいい感じに見えてきたのです。デザインをできるだけ感じさせないとは、演出をできるだけ抑えることであり、その中で、ネーミングをしていないかのような、まさに演出を感じさせないネーミングが力を持ち始めたような、不思議な感覚でした。あり得ないネーミングだとつい思い込んでいたのが、あり得るかなに変わり、さらに眺めていると、これはあり得る、いや、もしかしたら、ものすごくいいかもしれない、になっていった。この気持ちの変化の後押しをしたのが、他ならぬ「ナチュラルテイスト製法」誕生の理由そのものでした。


前述したように、この製法が生まれたのは、「搾り立ての生乳の味を、できるだけそのまま味わってもらいたい」との技術者の熱い想いからです。私も飲んでみましたが、搾り立ての生乳は驚くほどサラサラしていて、とても美味しいその味に近づけるために、殺菌の工程の直前で、できるだけ酸素を取り除く工程を設けた。つまり、この牛乳の本質は何かと問えば、「できるだけそのまま」に行き着き、このキーワードをもっと短く「そのまま」にすると、この牛乳のコンセプトが浮かび上がってきます。

「そのまま」とはつまり、人が演出していない、「触らない」が近いかもしれません。パッケージデザインは中身を伝えるもので、中身がハッキリとしたコンセプトを持っているなら、外側もそのコンセプトでつくるべきではないか。できるだけデザインをしない、演出をしない案が、なんとなくいい感じに思えてきた理由がだんだんハッキリしてきました。曖昧だったものにどんどんフォーカスが合ってきたかのように。あまりにも演出していないネーミングと、一番牛乳らしい書体で表札のように縦組みにした文字、最低限の処理で済ませた赤い色面。気づいてみれば、他のどの案よりも素直にデザインした案なのでした。

ところが、プレゼンテーションに提出しても恥ずかしくないレベルに仕上がったこの案をしばらく眺めているうちに、私の中の自我が少しだけ顔を出し始めました。

それは、例のキャラクターのお兄さんです。私の心の中ではすでに、なんとかこのキャラクターを生かしたい想いが芽生えていたのです。あろうことか、「そのまま」を体現しているはずの最後の素朴な案の、縦組みの楷書体で「おいしい牛乳」と表記された商品名の下の脇にお兄さんを入れてみると、これがけっこういい。

気がつくと「これもありなんじゃないか」とうなずいている自分がいました。自分が好きなものにならいかなる角度からでも好きな理由を探し出そうとするのと同じで、この案にはこのキャラクターが必要なのだと思い込み、基本は「デザインをできるだけしない」方向なのに、なぜか自転車に乗った宅配お兄さんの付いた案が出来上がってしまったのです。

この案も加えて一応考えられる方向は全て準備できたと判断した私は、明治乳業へのプレゼンテーションに臨みました。パッケージデザインのプレゼンテーションでは、ふつう実物大の立体を作ってお見せして、なぜそのようなデザインにしたのかを理解していただくために、ひとつひとつ机に出して丁寧に説明していきます。どのような順番で説明していけば理解していただけるかをもちろん考慮します。この時は、いかにも牛乳らしい牧歌的なデザイン、色面を使用したデザイン、それ以外の順に見ていただきました。青い色を使った案ではその理由を、赤い色を使った案では青いイメージが主流の牛乳のデザインに敢えてコーポレートカラーの赤を使う逆説を、角ばった書体の案になぜ牛乳配達のお兄さんが付いているのか、そして楷書体の効果など、細かく説明していき、質問があればそのつどお答えしました。それも、できるだけ誰にでも分かる言葉で。

私は、このような際にはデザイン業界の専門用語、とりわけカタカナ語は使いません。経験上話を難しくして自分のペースに持ち込もうとするやり方が好きではないからです。経験上身につけた細かいデザインのテクニックなども、理解していただける言葉で丁寧にお伝えします。

一通りご説明して議論も交わし、この日は全ての案をお預けして帰りました。このように大きな意味をもった商品デザインが、当然、その場で決まるわけがない。決定権を一手に握っている創業者が代表の会社なら即決することもあるけれど、歴史ある企業の場合はあり得ません。社内の各部署の意見も聞かなければならない。とはいえこの仕事の時には、明治乳業で長らく牛乳を担当されてきた方がおられて、その方がデザインを検討していく上でも意見をリードされているようだと、初回のプレゼンテーションで気づきました。パッケージデザインの専門家ではむろんないけれど、デザインについて私への質問が純粋で、それもしっかり的を得ていてドキッとさせられたのを今でも覚えています。この方はデザインを見る目を持っていると直観しました。それから幾度もデザインの改良を重ねていったのですが、案の定、主にこの方と進めていくことになりました。つまり、この仕事におけるキーマン。経験上、つくづく思うに、キーマンがいない仕事は、ぜったいにうまくいきません。そしてキーマンは、目利きでなければならない。

しばらくして社内での検討結果を知らせたいと連絡があり、二度目の打ち合わせに伺いましたが、やはりドキドキするものです。提出した案が全てダメな場合もあるし、明治乳業とは初めての仕事なので、どのような体質の会社なのかも見当がつきません。やや緊張して結果をお聞きしましたが、提出させていただいた案の全てに、実に誠実な検討をしていただき、この最初の戻しで、ある方向付けがいただけたのです。一案に絞られたのではないものの、なんとデザインをできるだけ抑えた縦組み楷書体の案に最も可能性を感じるとのこと。他の案も調査のために残してくれていましたが、この案について、さらに検討してほしいところがある由。それは色でした。

赤は、たしかに明治乳業のコーポレートカラーではあるけれど、牛乳の爽やかさや冷たさ、清潔な印象がはたしてあるかどうか、と。先のプレゼンテーションの時に、私がこの案に関しては赤い理由に特に力を込めてお伝えしたのを汲んでくださったのでしょう、赤も残しておくとして、素直に青くしたものも見てみたいとおっしゃる。この案の基本的な考え方が、デザインをできるだけしない、とりわけ素直な方向なので、「素直に青く」はそれこそ素直に腑に落ちました。

こうなると、自分でも早く作ってみたくてなりません。どのような意見でも、いいかもしれないと思えるものは、どんどん活かしてデザインに取り入れます。そのほうが、意見を交わし合っている人全ての参加意識も高まる。この時も、赤い色にこだわっていた自分の気持ちの狭さを気づかせていただいたのでした。たしかに市場の牛乳には青い色がよく使用されていたけれど、青でも、日本の色の文化には、徐々に色が褪せる藍色があるように様々な青があります。青は青だからと、概念的に決めつけてはいけなかった。そのご依頼にはすぐにも対応したいとお伝えしました。

ところで、この案で私が気になってならなかったのは、例の宅配お兄さんキャラクターでした。プレゼンテーションでも、やはりこれには自然と力が入ってしまい、お兄さんのシルエットを見て、子どもが親に「何これ?」と質問すれば、「昔は牛乳は、各家庭にこういう人が配達に来てくれてたものなんだよ」と会話も生まれるのではないか、などと想像を膨らませながら話した部分でした。なのに、このキャラクターに関して何ら意見は伝えられなかった。それがどうも気がかりでしたが、否定されたわけではないのだし入れたままにしておこうと勝手に判断して、もしかすると心を込めて作ったお兄さんが日本中の牛乳売り場に並ぶかもしれないとまで想い描いていました。

一週間ほど時間をいただき、青い色にした案を持っていきました。市場で一番売れていた牛乳の青よりもやや明るい爽やかな青にして。宅配お兄さんキャラも「おいしい牛乳」の下の脇に付けたまま。さらに細かいことながら、青い色面と白い地色の丸くした境目に一本、青い線を丸い形に沿わせて入れました。これは依頼があったのではなく、店頭で離れて見た時に青は目立ちますが、こうしたほうが手に取って見た時に丁寧に作り込んでいる印象になると思ったからです。線が入るか入らないかで、まったく印象が変わります。ふつう直しが直しが入る度に、どんどん良くしてしまおうというのが私のやり方です。

入ると、自分がやっていることに自信があるデザイナーはケチをつけられたと思ってしまい、元々よりも良くない方向に妥協しがちですが、私の場合は自信などというものがカケラもないので、それをきっかけに常に良くしてしまおうともくろんでいるのです。よって私の仕事に妥協なる言葉はあり得ません。仕事相手の話をできるだけ聞くことに徹するうち、いつの間にか身につけたやり方です。自信などなくても、それなりにやり方は見つけられるものだと思っています。常に人と物との間にあって、相手や環境に気を配るべきデザインの仕事にあっては、「自信がある」状態はかえって危険でさえあるとも。

赤い部分を青くして、宅配お兄さんは付けたままデザインを見ていただき、またしばらくパッケージの立体模型をお預けしました。

事務所に戻ってきても、宅配お兄さんのキャラクターを明治のみなさんがどう思っているのだろうかが、一番の気がかりでした。いいとも悪いとも言ってもらえず、触れてすらいただけないのが気になって。最初のプレゼンテーションであまりにも私が心を込めてこのキャラクターの意味を話したので、ネガティブな意見を出しにくくしてしまっているのではなかろうか。もしくは本当にいいとも悪いとも判断がつかないのかもしれない。打ち合わせの席ではっきりお聞きすればよかった。しかし、それはしませんでした。もっと重要な、基本的な方向をどうすべきかの議論をしている時に、キャラクターを入れるか入れないかなんて話はできません。そして、あってもなくても基本の方向性は変わらないじゃないかと気づきました。

それから数日が経った頃だったか、明治乳業から次回ミーティングの連絡が入ったわけでもなく、一人で事務所の自分のデスクにいた時のこと。冷静に、まるで他人になったような気持ちで、自分が提出したデザインを見ることができる時間がやってきました。不思議なくらいこだわりを捨てることができ、スッキリしていました。あの時の気分は忘れられません。自転車に乗った宅配お兄さんのキャラクターなどに、なぜこだわっていたのか。この仕事では、そんなものは求められていないのだと、鮮明に理解できた瞬間でした。恥ずかしいとさえ思いました。前述した通り、牛乳を取り巻くあれこれは大変な問題を抱えていたのです。明治乳業としても、この牛乳に掛ける想いは半端ではなかった。迷わず、キャラクターはなしにしようと決めました。

晴れやかな気分でした。キャラクターを取ってみると、この案がとてもスッキリ見えるのです。そんなものにこだわっていた自分が本当に恥ずかしくなり、早く明治乳業の方に伝えたい気持ちが湧き上がってきました。「キャラクターなんて必要ないと分かりました」と。

次の打ち合わせでそうお伝えしたところ、いや、なかなかいいキャラクターなので、どこかで使いたいとまで言ってくださいました。たぶん心を込めてお薦めした私への配慮だったのでしょう。その後も調査結果を元に細かい調整などを加え、最終仕上げの段階に至りました。

ここで重要だったのは、その調査の仕方です。出来てきたデザインをそのまま調査に掛けてしまうという、ありがちなマーケティングの手法をとらなかった。まずはプロジェクトを担う自分たちで、この方向がいいのではないかと思える軸をハッキリ決め、これに対する意見を調査で聞き、ネガティブなところを修正していく方法をとったのです。調査で方向を変えるなどという真似はしませんでした。

「これで行ける」と判断を下せない人が、調査の数字に頼りきるのです。そんな無責任なことで、仕事がうまくいくわけがない。私も多くの苦い経験をしていたので、担当者が自ら判断せず、はなから調査に掛けるようなダメすぎるマーケティングの危険性を、最初に明治乳業にもお伝えしておきましたが、このプロジェクトには前述した通り、目利きの方がおられた。この方はちゃんと自分の意見を持っていて、社内の意見も取りまとめ、それを理論的に整理して私に伝えてくださいました。牛乳のスペシャリストであり、目利きでもあったこの方がいなければ、「明治おいしい牛乳」が今のようなデザインに仕上がることはなかったと思います。

発売当初は、まず東北で試験的に販売され、その売り上げの状況を見てから、全国で発売されました。デザインをできるだけ抑えたデザインが、いかにもデザインを頑張っているデザインの中で相対的に目立ったのか、みるみる売り上げを伸ばし、現在、日本で一番売れている牛乳に育ってくれました。当初、高すぎるのでは？　と心配されていた価格も、現在でも維持されています。それは、搾り立ての生乳の味をできるだけそのまま味わってもらいたいという技術者の想いがデザインに乗り移り、飲んでいただき、確かに他の牛乳とは違う美味しさだと確実に評価されているからに違いないのです。

最初はまったくいいとは思えなかったネーミングが「そのまま」というキーワードによって浮かび上がってきたこと。キャラクターは必要か、必要でないのか。商標登録など取れなくても成り立つネーミングについて。そして何より、「デザインをできるだけしないデザイン」が日本社会でその後も機能していること。ひとつひとつのパッケージデザインの背景に興味を抱いていただき、どの商品にもそれぞれ裏側に潜んだ物語があるという事実について、店頭で、もしくはご家庭で、ほんの一瞬でもいいので想いをめぐらしてみていただけたら幸いです。

「牛乳配達のお兄さん」
使わなかったキャラクター案

気を遣う

言うまでもないことでしょうが、全ての仕事は「これから」のためにある。それは一瞬先かもしれないし一年先かもしれず、もしかすると百年後なのかもしれません。いずれにしても将来のために、今、何をしておくべきかを考え、事を為す。

美味しい食事を提供するのも、食べていただいた人が幸福になるのを想像してつくる仕事ですし、治療は、患者さんができるだけ支障なく生活できるように、自然治癒力も考慮した上で今後の方策を考え、適切に手を施す仕事です。つまり、いくら優れた技術を身につけていても、「これから」をまず想像できなければ意味ある仕事にはならないのです。先が読めないのは、場合によって危険ですらある。世間で問題となる「事故」の原因のほとんどは、想像力の欠如です。

デザインの仕事も同じく、美しい形がいくら作れ、綺麗な線がどれだけ描けても、その前にきちんと現状を把握して先を想像し、今のうちに何をしておくべきかが分からなければば技術はまるで活きません。その「読み」が間違っていれば、多くの人の迷惑にも繋がりかねない。とはいえ、どれだけ「これから」を想像しても、人が為す事に完璧はあり得ません。自然は人の営みのためにあるのではないので、大震災のごとき予測不可能な事態が次々に起こります。しかし、だからどうなってもいいわけはなく、完璧でないからこそ、これでいいのだろうかと常に疑って掛かる必要がある。

例えば、歩道に大きな石が落ちていたとして。不特定多数の老若男女が通行するのですから、身体の弱い人の歩行を想って、その石を脇に寄せておくのは言うまでもありません。そうしておけば、そんな石があったなど誰にも気づかれずに、多くの人がスムーズに往来できる。これも想像と対処に他なりません。自分のためをしか考えられなければ、石をどけるどころか自分が躓いてしまったりする。

常に、置かれた状況に神経を配る習慣を身につけておくべきなのです。考えよう、ではもう遅い。習慣にしておけば、考える前に身体が反応します。混んだ電車に乗っていた時のこと。ドアが開く前にお年寄りが乗ろうとしているのが目に入ったのでさり気なく席を立ち、いかにも空けたと気づかれないように、ちょっと移動してつり革に摑まった方に気づきました。そのさり気なさが素晴らしかったので覚えているのですが、それをいいことに、周囲への何の気遣いもない若造が、その席にさっと座ってしまい、件《くだん》のお年寄りが近くに来ても席を譲りません。その表情や傲慢な態度をしばらく観察していて、この若造は、自分さえよければいい、気遣いのない生き方をいつまで続けるつもりなのだろうかと、どうにも悲しくなり、同時に、こんな人間は少なくともデザイナーにはなってほしくないと思いました。まったく向いていない。いや、デザインを超えて、こんな生き方はあらゆる仕事に向いていない。先に述べたように、全ての仕事は「これから」を想像するところから始まるのです。気を遣う、が習慣になっていない人にとっては、気遣いは疲れるでしょう。疲れると思った時にはもう遅いので、習慣になっていれば疲れるもなにも、瞬間的に身体が動くのですから。

デザインを必要としない「人の営み」はなくて、どのようにしてか必ずデザインが存在しています。目に見えもすれば、目に見えないことだって多くある。すでに施されているデザインもあれば、これからデザインをされるものもあるでしょうが、すでに施されているデザインにしても、このままで本当にいいのだろうかと、将来のために疑ってみる必要がありますし、これからデザインがなされるものにおいては、もう何度申し上げたか、先を想像して事を為さなければなりません。そのどちらにも常に「気を遣う」心が、最低限必要だと思うのです。

「分かる」と「分からない」と「分かりやすい」

私はパッケージデザインにたずさわる機会を多くいただきますが、店頭に並ぶ商品パッケージを検討する打ち合わせ中に、しばしば「もっと分かりやすくしたい」といった言葉を耳にします。商品として伝えたいことがいっぱいあるのだから、気持ちは理解できます。分かりやすく写真を入れたい、分かりやすくもっと文章を入れたい、でも分かりやすく商品名は大きくしたい、より分かりやすく図解も入れたい……。

こうして少しでもたくさん分かってもらおうと「分かりやすく」を重ねていくと果してどうなるのか。私の経験上、皮肉なことに多くの場合かえって「分かりにくく」してしまいます。

限られた面積しかない小さなパッケージの表面に、文字や写真などの情報をゴチャゴチャと満載すれば、ほかにも情報だらけでゴチャゴチャの極みの店頭で、周りに並べられた別の商品と同化して、これはもう迷彩そのもの。わざわざ目立たなくしているようなものなのです。分かりやすくしようとすればするほど逆効果であると言うべきではないでしょうか。そもそも店頭で、ある商品の全体をほんの数秒で「分かってもらう」などというパッケージは可能なのでしょうか。それが不可能であるのは言うまでもない。にもかかわらず、ついつい「もっと分かりやすく」を繰り返しがちです。

そこで、自分自身が一生活者として何かに興味を惹かれ、手に取ってみたくなった瞬間を思い出してみましょう。どこかのお店で数々の商品が並んでいる棚を流すように眺めていて、あるところで「あ」と目が留まったその瞬間の、言わば身体感覚です。誰にもそんな経験があるはずです。すると、興味を惹かれるとは、未知の何事かについてもっと知りたいと思わされる気持ちなのだと気づくでしょう。つまり魅力的な「分からなさ」こそが人を「何だこれ?」と引き寄せているのです。

なのになぜ、「分かりやすくしたい」が、これほど蔓延《はびこ》ってしまったのか。そもそも人は「分からなさ」に惹かれるのだと身体で知っているにもかかわらず、なぜ頭は「分かりやすさ」を追い求めるのか。商品開発の現場で当然のように使われているこうした言葉のすぐ裏に、経済効率優先の現代社会がうっすらと見え隠れしています。「分かりやすい」商品を送り出したい側の言葉の裏を返せば、「早く分かったつもりになってくれ」という怪しい下心が浮かび上がってきます。瞬時に分かるわけがない商品の特質を、分かったつもりになってもらって少しでも早く購買に繋げようとばかりする。「分かる」とは、そもそも「分けられる」であり、「分けて理解する」の意味です。情報過多の現代社会においては、ひとつの商品のパッケージで文字や写真などの情報を別々に考えるのではなく、カオスの如き店頭でその商品が周囲の別の商品群から一つの魅力あるものとしてしっかり分けて見えるかどうかの視点で「分かる」を検証し直すべきなのです。それは、店頭という雑多な環境にあって、人に商品デザインが情報としてどのように届いているかの視点であり、頭でデザインするのではなく、身体との関係でデザインすることを意味します。デザインは、とかく意識的になされるものですが、その前に、無意識ということについて考える必要があります。人が頭で考えないまま身体が行動する時、いったい何が起きているのかをよくよく考察してみるべきなのです。

分からないものに人は心惹かれるとは言っても、あまりに何も知っていない物事に気持ちが留まるはずはなく、目を留めることすらないかも知れませんが、ある程度どんなものであるか承知している物事の中で、周囲との調和を崩している異物があると気にかかります。例えば緑の森の中を歩いていて突然まっ赤なキノコが現れたら、まず間違いなく気になります。それが瞬時に嫌悪感に繋がる場合もあれば、特に興味の対象にならない場合もあるし、これは何かとさらに知りたくなる場合もある。「気持ちが惹かれる」前提として、気がひっかかった段階があり、その直後に、さらに知りたい対象であれば「気持ち」が惹かれていく。同じく、商品に興味を持ってもらうためには、まず気を惹くための「魅力的な分からなさ」がなければなりません。では、分からなさの魅力とは何なのでしょうか。それは「違和感」だと私は思っています。

日常生活におけるデザインには、机や椅子などのように周囲との調和が最優先されるべきものも多くありますが、店頭で特に興味を持ってもらう必要がある商品パッケージなどの場合は、不調和の「違和感」が「分からない」と共に重要なキーワードなのです。違和感がなければ目にも入らない。全ての人が緑の森の中で周囲と同化している特殊な植物を見分けられる植物研究者であるわけではないからです。しかも「違和感」は概してネガティブに捉えられ、「違和感がある」と言われれば、だから良くないの意味になります。「違和感があってとてもいい」とはなかなかならない。ならば違和感とは、どのような時に感じる気持ちなのかを検証しておく必要がありそうです。

緑の森の中を歩いていて不意に現れた赤いキノコには、誰でも違和感を抱くでしょうが、はたして赤いキノコのどこに違和感があるからなのでしょうか。赤いキノコの群生の中に一本だけ緑のキノコがある時に、どちらが違和感として気になるのだろうかと考えるなら、違和感とはそのもの自体に内在しているわけではなく、周囲との相対的な関係にあることが分かります。そんなことは当りまえと思われるかも知れませんが、物と人、人と人との関係を考える上で重要な事実なのです。静かな人々の中にいる騒がしい人も、騒がしい人々の中にいる静かな人も、それぞれ違和感として気になる存在になります。派手な物の中にある派手な物は埋没してしまいますが、地味な物はかえって違和感として目に入ってくる。大量生産品の大多数は、まるで店頭で「自分を買ってください！」と大声を出しているようにしか見えません。どんなに大声を出しても、たいして目立ちはしない。同じ大声の土俵に上がって比べてもらうよりも、呆れるほど小さな声で静かに佇んでいるほうがより目立つことだってあるのです。

違和感に通ずる言葉として「変」があります。違和を感じた物事に対して、人は「変」だとも思う。周囲の調子からはずれたものは「違和」すなわち「変」だから際立つ。

ところが商品開発をする時に、食品ならば味などの内容に加えて、パッケージデザインについても市場調査に掛けられる場合がままあります。所謂《いわゆる》マーケティングリサーチです。そこでもし、試みに提示されたデザインに対してどう感じますかという設問があったとして、変だと感じる回答者が多かった場合、それはよくないデザインだと判断されてしまうでしょう。さらに「その商品を手に取りますか?」などとまるで無意味な設問が続くと、経験のない物事は判断不能ですから、とりあえず拒否反応として表れ、「変」に肯定的な数字が出るはずもない。

かくて、人のごく当りまえの営みの中では違和感こそが誰彼の気を惹いているのに、物づくりの現場では違和感あるデザインが変なものとして排除されてしまう。美意識を磨くこともなくデザインマネージメントの教育も受けていない企業のトップが多い現状では、ほとんどの場合、自分の目で責任を持って決断できずに、市場調査などという勝手気ままで無責任な意見に頼ってしまうのですから、革新的で魅力的な、つまりは変な商品が生まれるわけがありません。

だからと言って、周囲の物事に対して違和感をつくり出すのがデザインの目的なのでしょうか。周辺を調査して、違和感あるようにデザインするのは実は難しいことではないのですが、もちろん、それだけでいいわけがありません。

もともと「間に入って繋ぐ」のがデザインの役割です。商品パッケージであれば、商品内容をできるだけ的確に第三者に伝えなければなりません。そのうえで、店頭で魅力的な違和感を持たせなければならないとしたら、どうデザインすべきなのか。

当然ながら、これが成立するためには、その商品が周囲のあれこれとは明らかに違う内容を持っていなければなりません。内容に自信がない商品は、表面的なデザインに頼るしかない。内容に力がある商品ならば、それをそのままデザインして表現すれば、今までにない存在感、つまり違和感として目に留まることになります。初めに内容ありきであって、それを素直にデザインすれば、必然的に個性的で、いい意味での違和感を持った、目に留まる存在感のある商品になるでしょう。

デザインする基本は、内容をよくよく理解し、できるだけそのまま表現することに尽きるのです。きれいなものはきれいに。面白いものは面白く。素朴なものは素朴に。この素直なデザインのモノサシを常にブレないように備えていると、デザインが商品開発のリトマス試験紙の役割を果たすことにもなります。素直にデザインしたのに力のある商品に至らなかったら、むしろ商品の内容を問い直せ、ということなのです。ところが一般的に、デザインの機能は正当に捉えられていません。デザインの分類についてはすでにお話ししましたが、デザインとは飾り付けることだ、程度の捉え方が、残念ながらいまだに世間に染み付いています。また日本では「デザイン」に「する」と動詞が付き、いとも単純に能動的な意味合いを帯びることも問題だと思います。つい安易にデザインしてしまって、敢えて「デザインしない」という重要な選択肢が初めから排除されている。内容の把握すら碌にできていないくせにパッケージデザインを飾り付けのように施し、うまい結果が出ない時はまたデザインを変えればいいや、となってしまう。これは、デザインに関わる全ての人間が厳に注意しなければいけない大問題なのです。デザインは、付け加えるものではありません。

ここで誤解がないように付言しておくと、いま例に挙げたのは、すでに内容が出来ている商品のパッケージデザインのプロセスですが、デザインを含めた革新的な発想によって商品内容を開発していくプロセスも、もちろんあります。端末を「一枚の板」にしたiPadは明らかにこちらのプロセスです。すでにある内容そのものを出発点にデザインするのか、デザインの発想を原点に商品開発するのか、与えられた環境、条件によってプロセスが全く異なってくるのは言うまでもありません。自我を抑えた客観的な視点に立ち、そのつど、的確に状況を把握し、可塑的柔軟性で素直に対応する多様なスキルがデザイナーには求められるわけです。

デザインの公募

なにかのシンボルマークやキャラクターをつくろうとする際、全国的に、一般公募の方式がよく採用されています。誰でも参加でき、特に公共施設などは税金で成り立っているので、これに異論を唱える人はまずいません。一般参加型の方式は、ある意味、民主主義的であり多くの国民に機会を与えるので素晴らしいように思える。しかしながら、この方式で質の高いシンボルマークやキャラクターが生まれてきたでしょうか。残念なことに、とてもそうとは思えない。経験豊富で力のあるプロフェッショナルなら、このような公募にはまず参加しません。なぜなら、自分の生業を、悪戯描きレベルの作品と比べられたくもないという、どんな職業にも通ずる当然の自負があるからです。時代をしっかり受け継いできた数寄屋職人が、こじゃれた建築が求められる公募になんぞぜったいに参加しないように。

もちろん公募で集まった作品の中には、ある程度のものもあるかもしれませんが、明らかに思いつきといったレベルが多く、そんな中から、しかもデザインのプロでもない審査員が加わって得票数だけ集めたものが当選となる。決定した作品に、どんな理屈を付加しようと、所詮レベルが低い。これがもし学校の催事や、ある地域のイベント告知用ポスターなどであれば、まだしも限定された期間であり掲載の場なので許容もできますが、これから何十年先まで使い続いていく可能性のあるシンボルマークやキャラクターを、こんなずさんなやり方で決めてしまっていいのか。果して素人が十年、二十年先を見越せているのか。そんなわけはないどころか、機能的にも後々、問題が発生する可能性が高い。小さく印刷した時には細かい部分がきちんと表現され、大きく印刷した時には細かい部分がしっかりつくり込まれているのか。電子メディアへの対応がごく一般的な時勢にあって、動きを伴う映像表現は可能なのか。立体表現する場合、どのように立体化し、厚みが必要なのか薄いほうがいいのか。今では当りまえに検証しなければならないこうした要素が何ひとつ検証されないまま、平面の印象だけで決められてしまうのですから、あとを任される現場の苦労が目に見えるのです。

この方式が採用され、インフルエンザのように国全体に広がるのは、実は誰も責任をとらなくて済むやり方だからです。誰も判断しなくて事が進んでいくような仕組みが社会に氾濫すると、明らかに国そのものを衰退させます。日本のあらゆるところで、こんなことが起きてはいないでしょうか。そして、これらはみな「歪められた民主主義」の産物なのです。公募方式などという誰でも参加型無責任選出方式が今後あたりまえになっていくとすれば、この国の行方が心配でなりません。

「デザインの解剖」から「デザインあ」へ

私たちの身の回りには大量生産品が驚くほど数多くあります。トイレットペーパーや歯ブラシ、洗剤や今私が着ている衣服、電気をとるためのコンセントや照明をつけるためのスイッチ、そして外に出れば信号機やガードレールまでもが大量生産品なのです。それらの中には、日常生活をするうえでなくても差支えない物品も見られはしますが、今やなくてはならない必需品も少なくない。なのに、これら日常に不可欠な品々が、デザインされたものとして扱われる例《ため》しは滅多にありません。建築物、車、家具、家電、ファッション等々は、メディアを通してしきりにデザインの側面から取り上げられるのに、なぜ毎日ごく普通にお世話になっている品々のデザインは気づかれすらしないのだろうか、との素朴な疑問が、大量生産品のデザインに関わりつつ、三十代後半あたりから私の中で生じてしまいました。

すでにその頃、格好いいものだけがデザインされたもので、そうでないものはデザインされていないのだといった、デザインに対する甚しい誤解が一般社会にかなり広まってきていました。

しかし、時折美術大学に頼まれてデザインについての講義に行き、誰もが知っているチューインガムやポテトチップスなどのパッケージデザインの裏話をすると、デザイン概論めいた話をしていた時にはあくび半分だった学生たちが、俄然、食い入るように興味を示し出すのです。いくらデザインにおいてはこれこれが大切だと概念的に説いても、そこにリアリティーがなければ伝わりにくいけれど、身近な日常のものをデザインの入口にすると、それらは彼らにとってリアリティーそのものなのです。このことはもちろん学生の資質にもよるのですが、社会性も乏しいデザイン科の学生だった頃の自分に遡って考えてみると、むしろ当然と言うべきかもしれません。ましてデザイナーではない一般の人々にとってはなおのこと。

こうして、自分の経験と感慨が重なり合って、多くの人が何気なく使っている大量生産品を介して、言わばデザインとは何であるかを考えるきっかけがつくれないものかと想いを巡らすうちに、身近な物事をデザインの視点で解剖してみては、と思い当りました。デザインを、すでに存在する物事を調べ直すためのメスにするわけです。

「デザインの解剖」と名づけた展覧会の第一回を、松屋銀座七階のデザインギャラリーで、私もメンバーとして活動に参加していた日本デザインコミッティーの主催で世に問うたのは二〇〇一年、今世紀に入った年でした。

もともと解剖は、人体という自然の創造物の各臓器に名称を付けるために行なわれた作業だったとか。人体内部の細かな部分にまで名称が付けられたことで、患者と医者、医者同士のより精密なコミュニケーションを可能にし、手術をはじめとする医療技術を進展させたのです。自分たちの体内という、人間にとって未知だった領域に、解剖によって深く分け入り、とことん調べ尽くしました。

ではなぜ、大量生産の日常必需品のような、我々にとって既知のはずの人工物を、わざわざ解剖してみようなどと思い到ったのか。まず理由の第一は、二十世紀以降の技術革新は極めて甚だしく、身の回りにふつうに存在する製品であっても、いつの間にか様々な工夫が積み重ねられ、製品改良にたずさわる人間も次々と入れ替わり、開発のプロセスはもはや未知であるという状況が、物づくりの現場に起こり始めたこと。まして大きな企業であればあるほど組織が縦割りで、研究所、商品企画、マーケティング、広告、営業と、各自の担当分野はよく理解していても、他の現場のことはまるで知らないし、知る必要を感じていない。気がついてみたら、一つの製品の全てを有機的に語れる社員が一人もおらず、つまり自社製品すらが未知の物体になりつつあったのです。

そして第二に、解剖は、一番外側から中に向かって行なう解明ですが、企業による自社商品の社会への呈示方法はその正反対で、原材料から製造プロセスの順を追った説明ばかりだったこと。よく企業の本社ロビーなどで商品の生産工程を解説したパネルを見かけたりしますが、どこか紋切り型で押しつけがましく、私にはその見せ方では興味の対象になりませんでした。いくら素晴らしい商品であったとしても、いきなり原材料は何々で、と一番迂遠なところから説明されるのでは、好奇心のスイッチが入るわけがない。

私たちが身近に使っている製品の一番外側とは、商品名であり形状などですが、そのあたりから製品に備わった意味内容に少しずつ入り込んで行けば、知っているつもりになっていたものが実はいかに知らないことだらけだったかと気づかされるはずです。ごく日常に潜んでいる未知の発見は、多くの人たちの好奇心のスイッチを入れるのではないか。これが「デザインの解剖」を発想した原点でした。

この展覧会は当初からシリーズにするつもりで、その第一回に選んだのが、すでにガムの国内トップシェアに到っていたロッテ・キシリトールガムだったのは、自分が関わっている商品からスムーズにスタートできればと考えてのことでしたが、ロッテにこの企画をプレゼンテーションしたところ、その意味をご理解くださり、快く協力いただけたのは幸いでした。パッケージ表面のグラフィックデザインは自分が担当したので、それについてはいくらでも言語化してみたく、会場となるギャラリーの図面を見ながら、慣れない展示構成を検討していきました。

キシリトールという「ネーミング」や XYLITOL の「ロゴタイプ」など、ひとつひとつのコンテンツについて、タイトル、画像、解説、展示物、の四つの要素をセットにして額に入れ展示する方法を考案しました。それをワンセットにして番号を付け、順を追って見てもらうことで、外側から徐々に商品の中へとナビゲートしようというわけです。

まずはパッケージ表面のグラフィックデザインから入っていくと、ネーミングこそが最初に人に届く情報として商品の一番外側に存在することに気づかされました。ネーミングは現物を見る前に音声として届く場合があります。例えば、テレビＣＦで新発売の商品を見た知人が口頭で教えてくれた、など。そのネーミングを目に見える文字にしたものがロゴで、さらにマークや色などの情報に移行していき、一見して見えるものに留まらず、側面や裏面に入れられた小さな印やバーコード、開ける際の赤いビニールの帯に至るまで徹底的に調べて、外側から内側へどんどん入っていく作業を進めていくと、想像もしなかった疑問が次々に湧いてくるのでした。

口に入れる大量生産品は、匂いや味までもが人工的に調整されていますから、それは設計であり、まさにデザインなのではないか。それにガムであれば、噛んでいると刻々と変化する噛み応えも誰かが調整しているのではないか。こういうことをロッテの担当者に質問すると、さっそく次のミーティングでは、「ガムの感触曲線」なるグラフが打ち合わせのテーブルに提出されました。ガムの食感の設計図と言っていいものでしょう。見せられた私は衝撃を受けました。社内のほとんど誰も見たことがないグラフが、ひとつの質問によって目の前に現れたのです。なんて面白い世界なのだろうと震えがくるほどでした。そして、この隠れた情報をどのようにして呈示すべきかを考えるうちに、自ずと展示のイメージも徐々に固まってくる。

次々に湧いてくる疑問について、まず私なりに想像して仮説を立てた上で、その仮説と共に質問を投げ掛けるようにしました。ガムの感触もデザインだとすると、私にとって疑問である別の事柄に関しても、それを設計している研究者がいるのではないかと推測したからです。すると、よくそこまで考えてくれましたとばかりに、打ち合わせの席に現れた当該研究者は嬉しそうに語り始めました。普段、黙々と研究に従事している人ほど、語り出すと止まりません。この、自分で想像して立てた仮説と共に質問をぶつけてみる方法は、「デザインの解剖」プロジェクトで無理なく身につきました。仮説が当たっていれば喜んでいただけるし、はずれていたとしても「実はそうではなくて」と、ていねいに解き明かしてくださる。見えているところから奥へ奥へと分け入って、見えないものを引き出すやりとりが、解剖プロジェクトではとんでもなく面白く、それはあたかも、子どもの頃に観て感動しきりだったジュール・ベルヌ原作の映画「地底探検」で、未知の地底世界に深く下りていくシーンさながらで、解剖という商品の内側への探検によって知り得た本当の意味での「価値」を、これまで一般社会に何ら伝えてこなかったとしか思えない広告に対する問題意識も生まれました。

従って解剖プロジェクトでは、常にグラフィックデザインの基本に立ち還る必要がありました。ビジュアルの面白さでとにかく人の目を引くことが最優先の広告的な手法ではなく、飽くまでコンテンツの十全な理解に導くためのビジュアルに徹しなければならない。それは写真なのか、グラフなのか、化学式なのか、イラストレーションなのか、それぞれのコンテンツに最も相応《ふさわ》しい表現を慎重に選択するのです。とかくグラフィックデザイナーは、面白いビジュアルづくりが目的化してしまうきらいがありますが、このプロジェクトではそれは許されません。徹底的に分かってもらうために必要十分なビジュアルを、いかに端的に表現できるかを考えぬく訓練の場でもある。コンテンツそのものの面白さを知りぬいていたなら、それを素直に表現しさえすれば面白くなるのに、それを知ろうともせずに、面白さばかりを表現の狙いとするなら、見る側の興味は表現に留まって、肝心のコンテンツには気すら引かれないかも知れないのです。デザインは、それ自体が目的なのではなく、デザインされた事物の奥にある本物の価値と人とを繋ぐ媒介であるべきなのだと、このプロジェクトが改めて私に気づかせてくれたのでした。

「デザインの解剖①　ロッテ・キシリトールガム」展が開かれた松屋銀座七階のデザインギャラリーの会場中央には、裏側の文字や表面のシワまで克明に再現された全長二メートルの巨大なガムを展示し、壁にはひとつひとつのコンテンツを解説した例の額を整然と並べました。空間コンセプトは、無菌室。解説文なども事実を淡々と語るのみで、情緒的な演出は一切なし。いかにも見てください式のセールスプロモーション風は排しました。このプロジェクトが広告宣伝として見えてしまったら失敗なのです。製造現場の誰一人として、展示のどこにも登場しません。何もかもを見せるのではなく、どこまでも物自体に語らせて、裏側に存在する人を感じてもらおうと考えました。人が前面に出てしまうと、一気に情緒的になるからです。まるで病院の無菌室でプロダクトが解剖されているといったイメージで、場内の照明は青白い蛍光灯にしました。少しでも多く売るための多くの商品が華やかに並ぶ銀座の百貨店の七階にあって、この展覧会場は、たぶんかなり異様な空間として多くの人の目に映ったことでしょう。

展覧会が幕を開けると、図録はないのかと少なからぬ方々に問われて初めて、この展覧会を本の形で記録しておくのもあるいは有益ではなかろうかと考え及びました。ほどなく美術出版社より「デザインの解剖」シリーズとして出版される運びとなるのですが。

第一回を開催してみて、私がやろうと考えていた内容が現に目に見える形になった手応えと様々な経験を、第二回の企画に繋げることができました。解剖させていただくのは、レンズ付きフィルムとして多くの人が使っていた富士フイルムの「写ルンです」。今や気軽にスマホでいくらでも写真を撮れる時代ですが、デジカメもない頃には、旅先で急に写真を撮りたくなった時などに、駅のキオスクやコンビニに駆け込み、この簡易な紙製の箱の使い切りカメラを買っては記念写真を撮ったりしたものです。フィルムを撮り終えたらカメラごと現像所に預けて、後日ネガとプリントだけを受け取るという、それまでにない需給システムを備えて登場した商品でした。現像所でフィルムを抜かれて工場に戻ってきたカメラ本体は、バラバラの部品に分けられ、再利用できるレンズなどは綺麗に磨かれそのまま工場のラインに戻って新規の「写ルンです」に組み入れられ、キズが付いて使用できないレンズは溶かして原材料に戻す仕組みが自動的に行なわれるといった環境対策までを考えていた点でも画期的だったのです。

「写ルンです」の解剖でとりわけ面白かったのは、この商品のプロダクトデザイナーですら未見だったカメラの断面を、しかも図面ではなく実物で見たことでした。たぶん世界でもプロダクトをこのようにしてしまった例は、極めて稀なのではないかと思います。

そのつくり方は、放っておくと次第に固まる白い不透明の樹脂の液体を満たした容器に、まず「写ルンです」を一個丸ごと漬け込み、カメラの内部にまで液体を浸透させます。完全に固まったところで白い塊を容器から取り出し、真っ二つに切断します。もちろん切断する位置がレンズの中心にくるよう予《あらかじ》め確かめておきます。すると、白い塊の切断面に、まるで化石のような「写ルンです」の断面が、あたかも絵画のごとくに現れてきたのです。レンズ、レンズを支えている形、奥のフィルムまでの空間を形成している箱状の形、その間にある細かい部品や凸凹などが克明に現れました。それらに感動したのは、どの形にも理由があるからでした。感覚的にわざと面白いものをつくろうとしたのではなく、着実な用途に応じて必然的につくり出された日常品が内蔵するものの面白さと説得力には感嘆せざるを得ないのでした。この経験で、「新たな切り口を与えると、誰も見たことがない情報が立ち現れる」ことを知りました。これはまさにジャーナリズムの手法とも重なるのではないでしょうか。そして私はこのビジュアルを第二回展覧会のポスターにしました。

毎回、必然的に生まれるビジュアルの中でも最も面白い一つをポスターにしていきました。感覚的思いつきではない意味のある形の面白さに、この頃から引きずり込まれるように興味を持ち始めます。意図的に新奇な形をつくってみせるよりも、必然的な条件を与えられ現れてくる形のほうが、圧倒的に面白いのです。「すでにある形を探す」と言ってもいいのかもしれません。「写ルンです」の解剖展も第一回と同じ場所で開催され、同時に二冊目の本も図録として出版されました。

それからしばらくして、第三回はタカラ（現・タカラトミー）のリカちゃん人形を解剖させていただく機会を得ました。たまたま、あるところでリカちゃん担当の方にお会いした際に解剖の話を持ちかけたのです。さすがに「カワイイ」が売り物の商品だけあって、少し考えさせてくださいと戸惑っておられました。それが数日後に電話をいただき、正式に解剖の許可を得ることができたのでした。

デザインの解剖プロジェクトは、なによりまず生産工場に伺います。そして様々なことをお聞きするのですが、どこの工場も大変面白い。工場はビジュアルの宝庫であると言って過言ではありません。リカちゃんは、当時すでに中国の工場で主に生産されていましたが、私が伺ったのは、福島県にある「リカちゃんキャッスル」に隣接する、日本で稼働している数少ない工場でした。髪の毛を植えるミシン、髪の毛にウエイブを掛けるマシン、

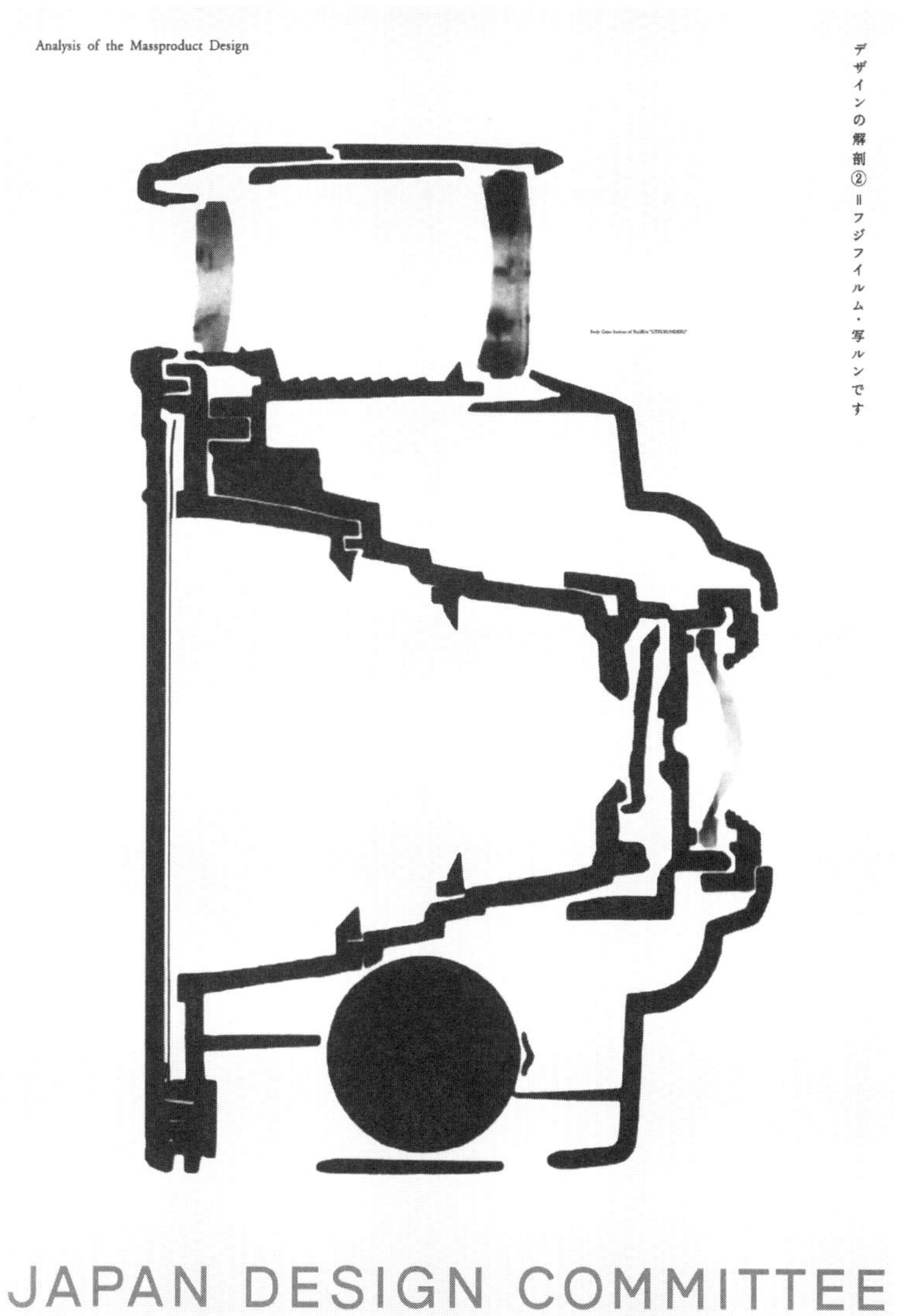

「デザインの解剖２：富士フイルム・写ルンです」
2002年5月15日〜6月10日、松屋銀座デザインギャラリー

目の表情を描くための金属の型、まるでパンクミュージシャンにしか見えない、リカちゃんの頭にカラフルに植えられた髪の毛の色見本。全てが新鮮で、それらの面白い物たちが、次々に展示品の候補に挙がっていく。普段、誰も見ることができない物ばかりですから。

アイラインの入れ方などは、その時代その時代の女性の化粧を反映していることが分かりました。女性の化粧にも時流があります。当然リカちゃんだって、古くさい化粧のままでいいわけがない。それでも、量産品でどこまで省略して、その時代の化粧のイメージに行き着けるのか。目のキラキラ感を出すために黒目に打つ小さな白い点々ひとつとってみても、何枚となくラフスケッチを描き込んでは決めていく手順がしみじみ分かりました。カワイイを量産するための微細な工夫が、随所に施されているのです。女の子に親しみをもって接してもらうために、どれだけの工夫と手間ひまが必要なのかを、工場の現場がさまざまと教えてくれました。

展覧会では、等身大に拡大したリカちゃんの頭蓋骨のシミュレーションモデルも展示しました。これは、面白おかしい見世物として制作したわけではなく、元々リカちゃんのお手本になったアメリカの着せ替え人形と、その後、さらに日本の少女漫画をも手本に作られたリカちゃんの頭の形を比較検証する試みでした。どこがどう違うか。コンピューターで頭蓋骨をシミュレーションしてみると、リカちゃんの頭の形は幼児の頭蓋骨に近いこと

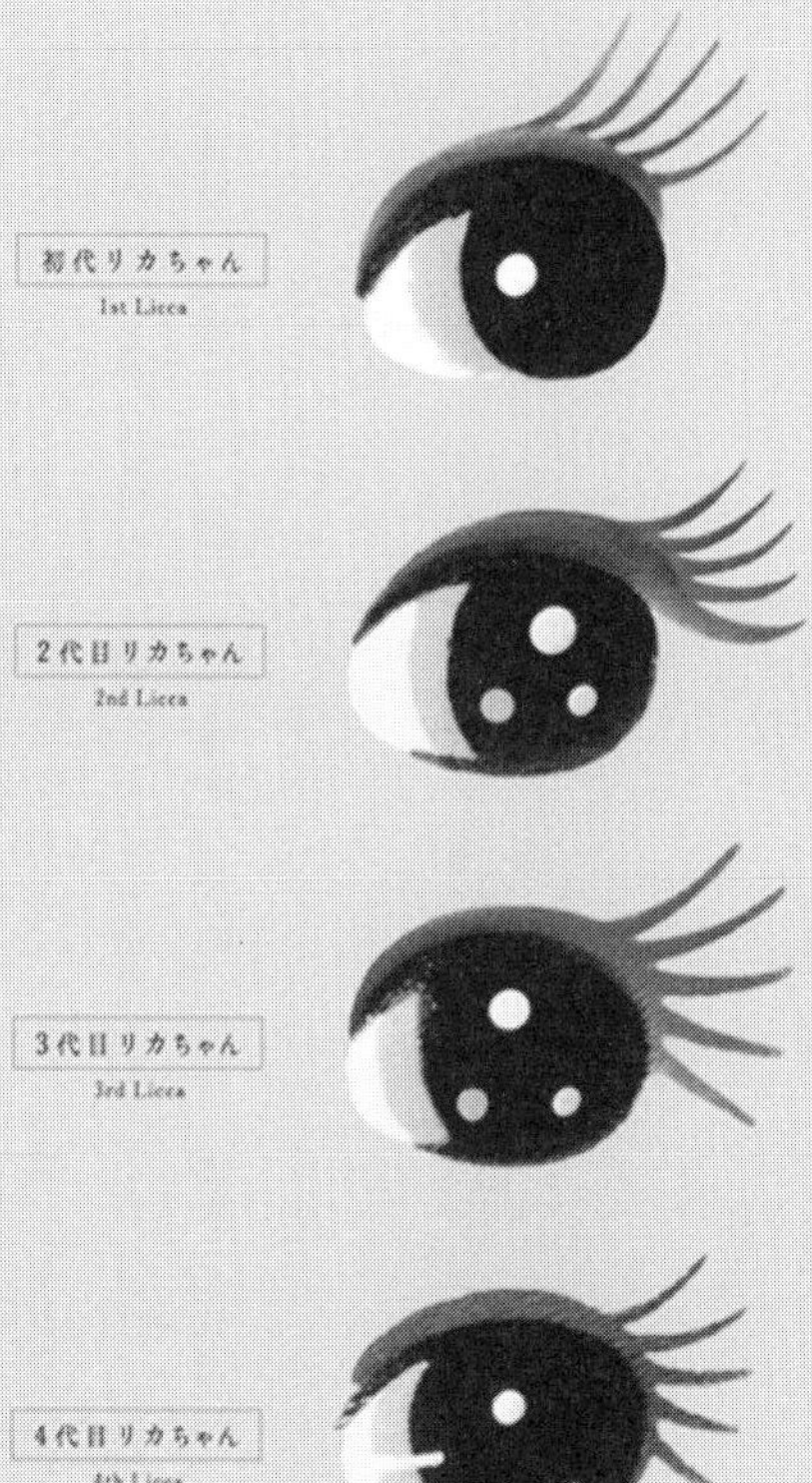

〈目の変遷〉

Change of eye

が分かりました。骨学の専門家に、頭の大きさに対する顎の大きさ、鼻の位置などを検証していただき、判明したことです。これが、頭を大きく設定する日本の世界的なキャラクター、ドラえもん、キティちゃん、アンパンマンなどに共通の特徴であることは言うまでもないでしょう。この頭蓋のシミュレーションにより、アメリカの着せ替え人形は、大人として作られた人形に自分の将来像を投影して遊ぶものであるのに対して、日本のリカちゃんは、自分に近い、あるいはさらに幼いものに自分を投影して遊ぶ対象であるという文化的な違いまでが浮き彫りになりました。私はそちらの専門家ではないので断言はしかねますが、もしかすると、早く大人になりたい思考と、いつまでも子どもでいたい願望との違いなのではないか、などと、リカちゃんをめぐる考察は尽きないのです。

第四回には、私がパッケージデザインにたずさわった「明治おいしい牛乳」が、国内で一番売れる牛乳に育っていたこともあり、明治乳業（現・株式会社 明治）に相談に上がると、全面的に賛同してくださり、さっそく酪農の現場や牛乳をパックする工場などへ伺うことになりました。「パッケージデザインの現場」の章で「明治おいしい牛乳」のブランディングとパッケージデザインの依頼を受けた時の経緯は詳しく述べていますが、第四回展がスタートすると明治乳業の側から、この解剖展を全国に巡回させたいとの申し入れ

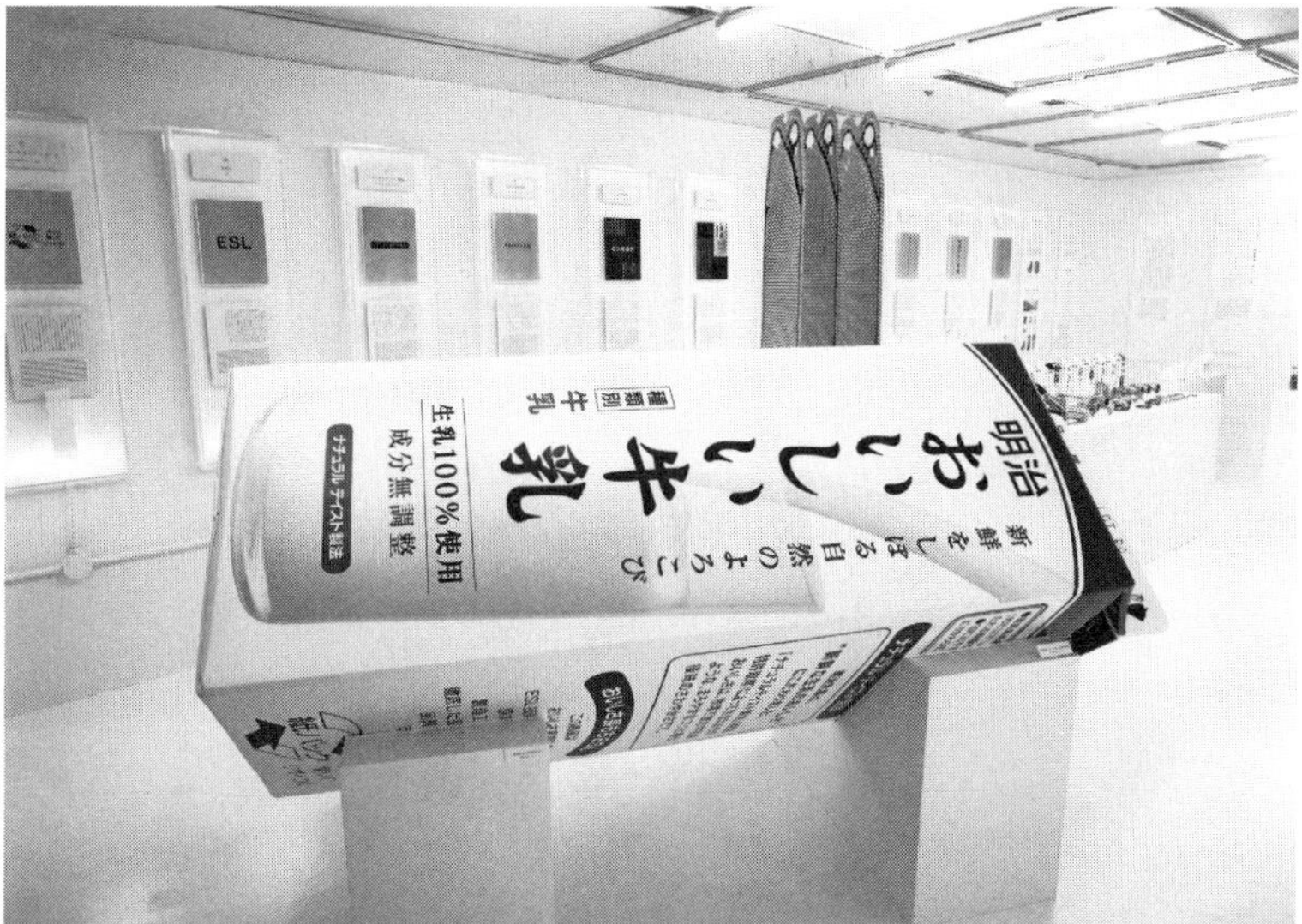

「デザインの解剖 4：明治乳業（現・明治）・明治おいしい牛乳」

2003年8月13日～9月8日、松屋銀座デザインギャラリー

Photo : Ayumi Okubo / parade

をいただいたのです。このプロジェクトを、送り手側の論理で行なう商品広告とはまったく異なる手法の企業広報と捉え、社外のニュートラルな位置にある「デザインの解剖プロジェクト」に委ねて解剖された商品の実質を、一般の方々にじっくり観てもらうことの意味をご理解くださっていたのです。まだCSR（Corporate Social Responsibility）などの言葉も一般的でなかった時代です。デザイナーにとって、とても嬉しい申し入れでした。デザインの純粋な活動に理解を示し、共に社会のために情報を公開しようとの姿勢です。巡回に必要な予算も明治乳業が準備してくれました。巡回展は、解剖プロジェクトがデザインギャラリーを跳び出し、新たな機能をし始めるのですから、大きな意味を持っていました。

私はむろん喜んでお引き受けし、「明治おいしい牛乳」の解剖展は福岡、松山、仙台、名古屋、再び東京を巡回することになり、それが呼び水となって先行した三つの解剖展をも含め、群馬の高崎市美術館や、水戸芸術館現代美術ギャラリーで展示される機会に恵まれました。

これらの解剖展シリーズを、三宅一生さんの事務所スタッフが観ていてくださり、ある時、A-POCという画期的な服づくりを、三宅さんと共に推し進めてきたデザイナーの藤原大さんから連絡をいただきました。六本木のアクシスギャラリーで開催されることになったA-POC展で、ずばり、A-POCを解剖してもらえまいかというのです。誰もが知る大量生産品を対象にしてきた、これまでの解剖展のルールを超えて、まったく縁遠かったファッションの世界に触れられる期待感は大きく、即座にお引き受けしたのでした。

かくして二〇〇三年、「なんなの？　A-POC」とユニークな題が付けられた展覧会の会場に、解剖の部屋が設けられ、フランスパンから「バゲット」と命名された、A-POCを代表する一番シンプルなニットを解剖させていただきました。糸づくり、染め、編みから、加工、手作業で丁寧にアイロンをかける工程まで、つぶさに、目を見張りながら現場の取材を重ねていきました。

この解剖によってA-POCの画期的な服づくりを再確認したのですが、同時に感銘を受けたのは、何しろ初めてお会いした三宅一生さんの服に対する考え方で、それまで抱いていたファッションのイメージが一変しました。三宅さんの服づくりは、単なるファッションではない。当時、すでに世に知られていたPLEATS PLEASE（プリーツ・プリーズ）は、ファッションであるよりも、むしろプロダクトデザインでした。パリコレに代表される華やかな世界は、あまりにも遠い存在だったのが、プロダクトデザインの考え方でつくられているのだと理解できると、大量生産品に携わっている私にとって、突然服づくりがごく身近に感じられてきたのでした。

「バゲット」の解剖は、ISSEY MIYAKEの香水のパッケージデザインや発表会の会場デザイン、三宅一生デザイン文化財団のＶＩ（ビジュアル・アイデンティティ）、プリーツ・プリーズのグラフィックデザインといった仕事に繋がったばかりか、間もなく、六本木で現ミッドタウンの建設が始まった頃、プロダクトデザイナーの深澤直人氏と共に、三宅さんから、ある相談を受けることになったのです。

大切な話だという以外には何も聞かされていなかった深澤さんと私は、ご案内をいただいた小さなイタリアンレストランで、やや緊張気味に一生さんの前に座りました。すると、一生さんの相談とは、建設中のミッドタウン内にデザインとは何かを考え、広く知らしめるための施設が造られることになったら協力してもらえないか、というものなのでした。世界にも例のない施設についての構想をお聞きすればするほど、深澤さんも私も責任の重さを感じざるを得ず、一瞬、狼狽《うろた》え顔を見合わせたのでしたが、とても光栄な申し入れであるのは間違いなく、お役に立てるかどうかの自信はなかったものの、もしそのような場合には、喜んでお手伝いしたいと我々は伝えました。

ほどなくミッドタウンを手掛ける三井不動産の決断で、デザインのための施設計画は軌

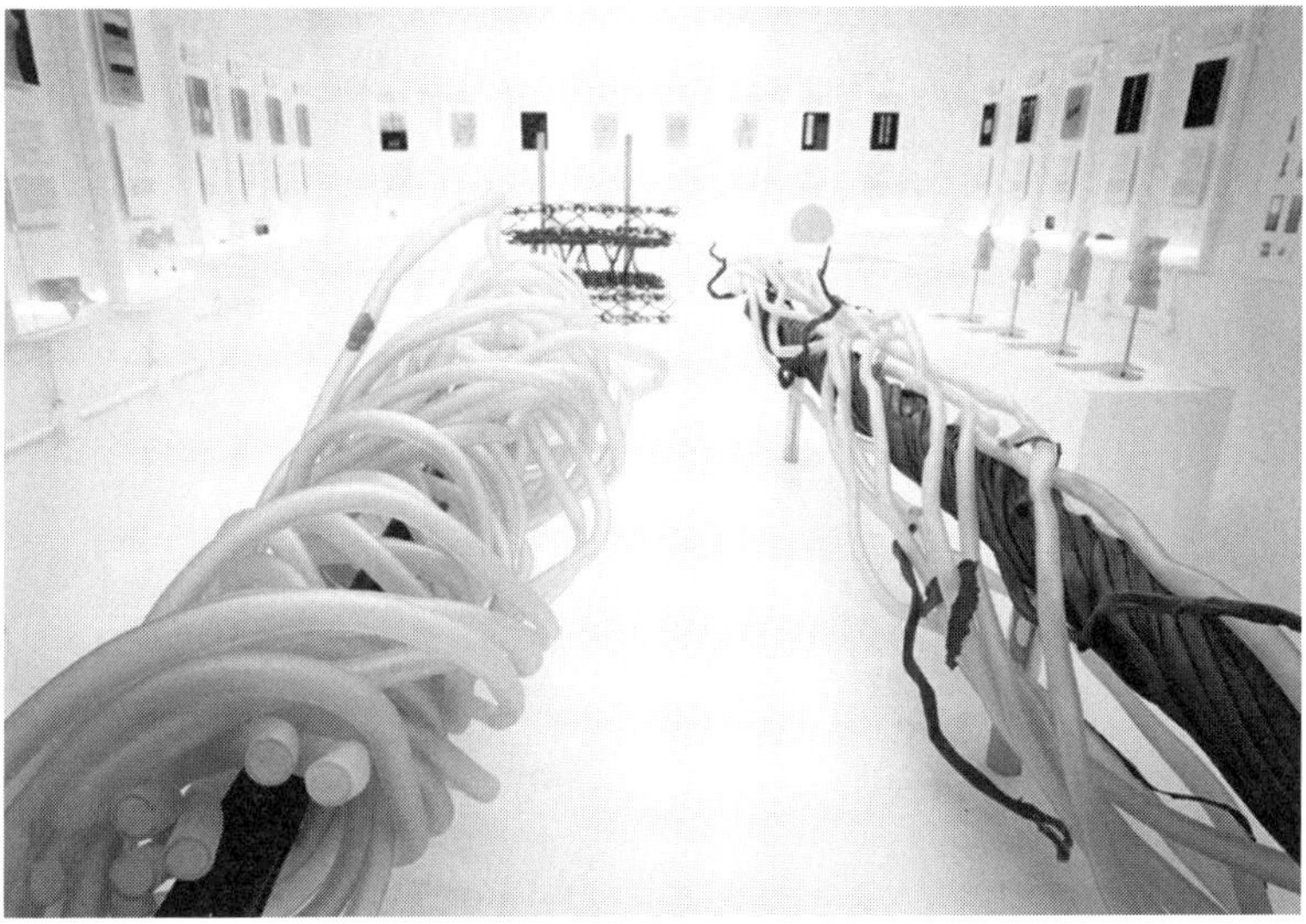

「なんなの？ A-POC 三宅一生＋藤原大」展
「デザインの解剖 ― A-POC バゲット」
2003年9月10日～10月5日、AXIS デザインギャラリー
Photo : Yasuhito Yagi / parade

道に乗り、三宅さん深澤さん私が中心になり、アソシエイトディレクターとして川上典李子さんも参加し、実現に向けてのミーティングが定期的にスタートしました。施設の建築担当は安藤忠雄さんで、三宅さんのところに刻々と届く安藤さんの設計の途中報告を見ながら展示イメージも膨らませていくのですが、それ以前に、ここは何をすべき場所なのかを議論しなければなりません。そもそもこの施設が構想されたきっかけは、二〇〇三年、朝日新聞に三宅さんが寄稿した「造ろうデザインミュージアム」と題する一文でしたが、ミュージアムとしての機能を備えるだけの大きさをまだまだ確保できているとは言いがたい施設をデザインミュージアムと呼んでいいものかどうかも含めて、基本的なコンセプトについて、全員で意見を交わす必要がありました。

この定期的に重ねられた打ち合わせは実に楽しく、刺激的な時間でした。ミーティングのたびに三宅さんが見せてくださる貴重なコレクションを通して、これからの展覧会のアイデアも浮かんでくるのです。ミーティング参加者の誰一人として、この手の仕事を手がけたことはなく、つまりはみんな素人でした。施設のソフトをどのように造りあげていくかなどのノウハウは、誰にもありません。今になれば、既成の概念にとらわれない素人で始めるというのも、一生さんの革新的で大胆なアイデアだったのではないかと思えてきます。

あるミーティングでは、三宅さんが長く一緒に仕事をされてきた写真家アーヴィング・ペンのプリントを何枚か見せていただきました。口の回りに美味しそうなチョコレートをクワンクワンにつけた人の顔「Chocolate Mouth」、水が入ったコップに添えられたパン、アンティーク屋のディスプレイ、などなど。それらの写真を見ながら、我らが施設ではどのような展覧会が可能だろうかと自由に意見を交換し合います。人間の真理をついたペンの写真は、展覧会のコンテンツを探るのに、どれほどの資料になったことか。そんなふうに三宅さんが直感で見せてくださるものが、我々の脳をどれだけ覚醒させ、どれだけアイデアの素になっていったことか……。

施設のネーミングにも様々なアイデアが出たのですが、21_21 DESIGN SIGHT に決まったのは、どのネーミングよりもこの施設を象徴していると感じられたからです。20/20がノーマルサイト、正常視力の意味であるのは知られていますが、21_21 デザインサイトには、さらにその先をデザインの視点で見てみようとの意味が込められています。21と21の間のアンダーバーは、パソコンやケータイで簡単に使える記号のうちから、できるだけ誰にでも簡単に覚えてもらえるよう、また他には例がない印象的なものとして、この名前と表記とが選ばれたのです。そのシンボルマークを担当することになった私は、「場」を想起させる住所表記みたいなプレート型シンボルマークを考案しました。21_21 は「場」

に他ならないからです。そしてアルミ板のプレス成型で実際にプレートをつくり、大元の基本ロゴを、通常のような平面ではなく、物としてのプロダクトロゴに仕上げました。21と21が人の目の幅になる大きさで。ロゴが物であれば、これをデザインのメタファーと捉えることができ、例えば道にこのプレートを置くなら、道をデザインという視点で見てみようとの意味になる。あるいはこれを手で持ち、都会の風景に翳すと、それは「都市とはデザインそのものである」の投げ掛けになる。物であるロゴによって、この施設の今後の展開を象徴させ得るのではと考えたのです。

二〇〇七年の開館記念に、まず安藤忠雄さん設計の21_21の建築そのものをデザインとして紹介する展示をした上で、本格的な第一回企画展「Chocolate」が深澤直人さんディレクションで開かれました。タイトルは言わずもがな、アーヴィング・ペンの例の写真がメタファーです。世界中の誰もが大好きなものの象徴であるチョコレートをテーマに、様々なデザイナーやアーティストが参加したワークショップを経て、我々にとってチョコレートとは何かを広く問い掛ける、かつてない展覧会になりました。

続く同年十月から翌〇八年一月まで、文化人類学者の竹村真一さんと私が中心になり、第二回企画展「water」を開催しました。私はその頃、水に興味を抱いていて、そのきっ

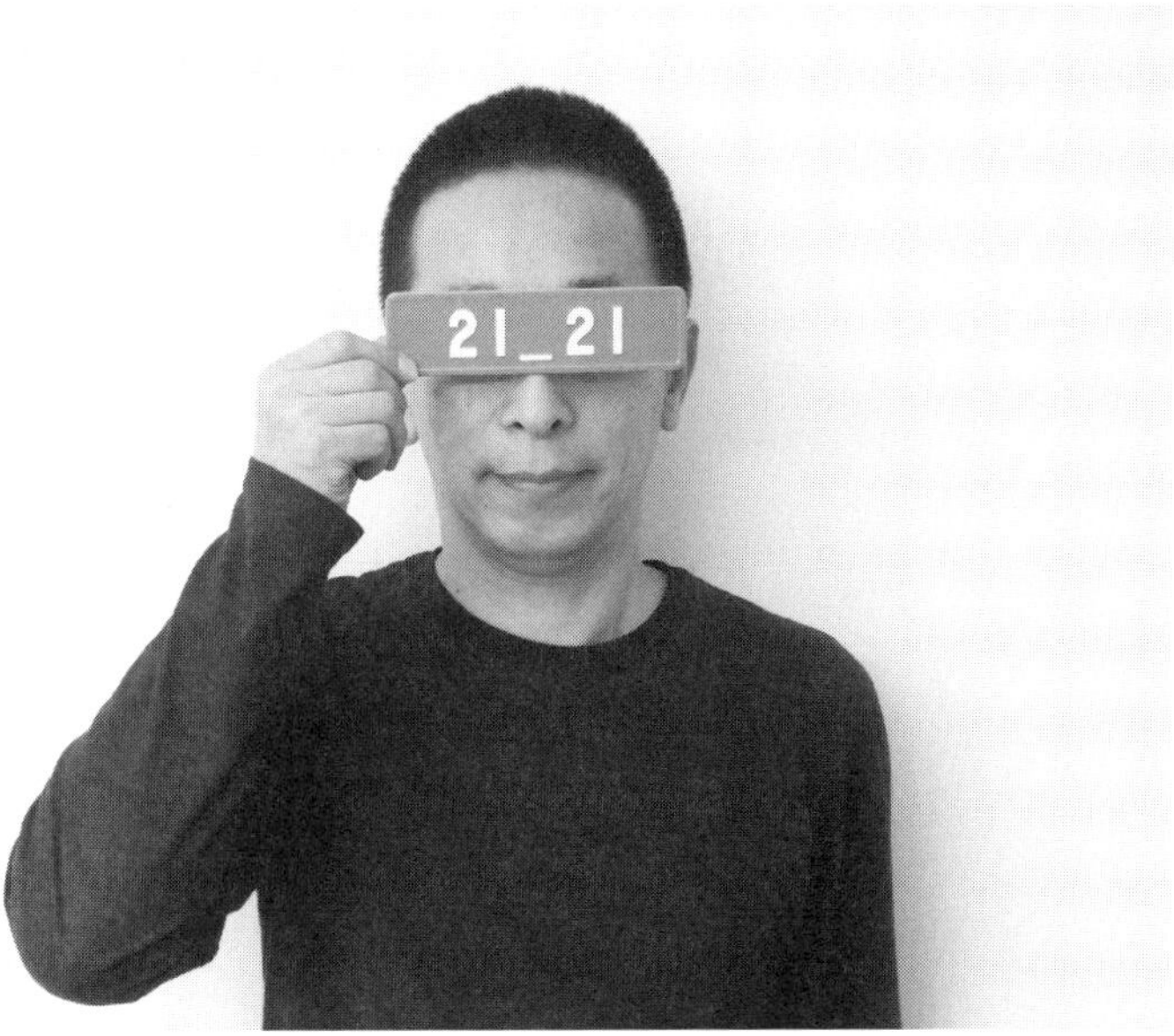
21_21

かけになったのが、他ならぬ竹村さんからのある問いかけでした。

「佐藤さん、牛丼一杯つくるのに、どれくらいの水が使われるかご存知ですか？」

牛丼一杯なら二リットルもあれば、と私が答えると、正解は、約二千リットルだとのこと。一瞬、きょとんとしてしまいましたが、竹村さんの説明で、目から鱗が落ちる思いがしました。

牛は水を大量に飲むだけでなく、大量の水を使って育てられた穀物を大量に食べます。もちろんお米をつくるにもご飯を炊くにも水が必要です。それらの見えない水を合算してみると、牛丼一杯あたり約二千リットル、というわけだったのです。二リットル入りペットボトルで千本分の水を想像するだに驚き、「食と身体とデザイン」の章でも少し触れていますが、そう聞いて私は呆然と、しばし言葉が出ませんでした。よく考えてみれば当然のことなのに、言われなければ気づかずにいた、見えない水の世界が一気に開かれた瞬間です。

今まさに食べつつある料理に使われた厖大な水を想像しながら食事をしたことなどあったでしょうか。食べたいものがいつでも食べられる環境にあれば、そんなこと考えもしないものです。しかし、アメリカから大量に輸入した牛肉を食べている日本人は、間違いなくアメリカの大地の水を大量に使っているのです。我が国はカロリーベースで約六割の食料を海外に頼っており、六割の食料を通して海外の水を大量に使っているわけで、これは今問題になっているTPPとも無関係ではあり得ません。この牛丼問答により、最も身近にあるはずの水について我々がいかに知らずにいるかに気づかされました。既知のつもりだった水の未知化が起こったのです。

これがきっかけとなって、水をテーマに展覧会を、と思い立った私は、当の竹村さんと相談し、我々二人のディレクションで企画に入りました。デザインの解剖の手法を活用して、身の回りに何でもないもののように存在する「水」の、見えているところから深く深く見えないところへ入り込んでいくために、水文学《すいもん》から、バーチャルウォーターの第一人者である東京大学生産技術研究所の沖大幹先生、天水（雨水）の第一人者である村瀬誠さんまで、多くの水の専門家の方々にお会いして様々なリサーチと考察を重ねて行きました。また、水と人の営みの極限状態を知る目的で、写真家の藤井保氏と水の入手が容易ならざるモーリタニアの砂漠へと過酷なロケも決行しました。

つまり「水で世界を見てみる」がテーマの展覧会でした。例えば、固体・気体・液体のそれぞれの状態で水が存在する惑星は、まだ地球以外には見つかっていません。太陽系の惑星でも、太陽に近ければ水は気化してしまうし、遠ければ凍ってしまう。太陽と地球のこの奇跡的な距離ゆえに、水は液体の状態で存在するのだという事実を、ふだん有り難いと思う気持ちなど私たちにはありません。水が液体で存在していなければ、そもそも生命は生まれてこなかったかもしれないのです。知っているようで、実は何も知らない水というものについて数々の重要なコンテンツを導き出し、それらを本展に参加してくださる多くのクリエイターに繋いで、展示物を制作していただいたのです。

展覧会のシンボルマークには、人が広げた傘を逆さに持っているシルエットをつくり、「さかさかさ」と名付けました。傘は雨を除《よ》けるための道具ですが、これを逆さにすると雨水を集めるための形になる、という発想の転換の表現です。前述のように、日本の食料自給率はカロリーベースで約四割、その他六割の食料を通して日本人は海外の水を大量に使っている。それも無自覚に。こんな状態のままで、日本は水が豊かな国である、などと果たして言えるのか。食料自給率をもっと上げていくためには、雨にせよ雪にせよ天から降ってくる水をどのように活用すべきかを真剣に考えないわけにはいかない。今後必ず求められるであろう水と日本人をめぐる新しい視点を「さかさかさ」に象徴させたのでした。

かくして開催された「water」展は、見て、聞いて、触って、ネットからでも作品に参加できる展示を、という、展覧会の新たな形の模索でもありました。会場では超撥水処理を施した遊べるお皿のグッズも制作販売し、ワールドフォトプレスからはモーリタニアの写真を使った『water』を出版。そして21_21のみならず、青山ブックセンター、アカデ

「water」展シンボルマーク

ミーヒルズ六本木ライブラリーなどの会場もお借りして、二十回に及ぶトークショーを開催しました。

時を同じくして、茨城のひたちなか市・東海村周辺で全国八割以上の生産高を誇る干し芋をテーマにした「ほしいも学校」も始まりました。最初、当地のみなさんが私のところに来られた目的は、干し芋の商品開発の相談だったのですが、私は、商品開発を云々する前に、干し芋生産に関わる地元の多くの方々が参加できる効果的な仕組みづくりを、とその場で提案しました。そのような組織があれば、次代の子どもたちのためのワークショップも、干し芋広報も、なにより今までにない商品開発すらも可能になるのではないか、と。瞬時に頭に浮かんだひらがな四文字と漢字二文字の「ほしいも学校」という組織の名称とともに、「干し芋を通して宇宙を見ませんか?」と申しあげました。

お出でいただいた方々が啞然となさったのは無理もない。商品開発の話に来たというのに、突然、「学校」だの「宇宙」だのと言われれば誰だって、これは間違ったところに来てしまったと思うことでしょう。しかし、私は大風呂敷を無闇に広げたつもりはありませんでした。なぜなら干し芋は、太陽の光、水、土、酸素、生産技術、芋の品種改良、製品管理、包装、値段、脱酸素材、流通、人の身体に入るとどのような栄養になるのか、等々、あらゆる物事との関係で成り立っており、干し芋とはいったい何であるのかの検証は、そのまま我々を取り巻く社会を見直すことであるばかりか、干し芋を通して宇宙を見ることだと思われたのでした。

水で世界を見る「water」展での経験で得たOSが、自ずと私の中で起動したような感覚でした。驚かれたみなさんが一旦地元にお戻りになってほどなく、このプロジェクトを進めてみたい旨の連絡を頂戴したのです。

まずは、干し芋を解剖する本の出版を提案させていただき、そのための調査に、地元のみなさんと共にさっそく入りました。干し芋の歴史、前述した太陽の光、土、水との関係、芋の開発史などについて、それぞれ専門の研究者にお会いし、さらにはなぜ芋を食べるとオナラが出るのかまでをも徹底的に調べ上げることで干し芋を解剖し、厚さ四センチにもなる分厚い本にまとめていきました。この本と本物の干し芋とを一緒にパッケージしたセット販売も、当初からの発案でした。本づくりを進めながら、地元では何度も干し芋をめぐるシンポジウムを開き、こんなプロジェクトが始まっていることをより多くの方々にお伝えして協力を呼びかけるうち、この活動が新聞やネット上のメディアに載り、「ほしいも学校」は少しずつ社会に知られていきました。

干し芋の生産地も他の農産物同様、若手後継者の育成をはじめとする多くの問題を抱えていますが、生産する側だけではなく、食べる側も含めての人の営みの中で、干し芋とは果して何であるかをよく理解しないままでは、将来への展望が開けるわけがない。さらに、それぞれの立場や想いの違いから、地域がひとつになる機会は必ずしも多くありません。干し芋生産に関わる、できるだけ多くの人たちが集まり、現在の問題や今後の課題を活発に議論する場としても「ほしいも学校」が機能し続けるようにとの思いから、二〇一三年には一般社団法人になっています。

法人化前の二〇一三年一月からは、「ほしいも祭」が年一回のペースで始まりました。今に残る日本各地の大きな祭りも、始まりは小さな催事だったでしょう。「ほしいも祭」も小さな祭りから始めてみてはと提案し、二年間、地元のみなさんと協議した結果です。三十年後、五十年後、お年寄りから子どもまでが楽しみにして集まるような心豊かな祭りに育ってくれますように。

デザインの解剖プロジェクトは、形を変えながら、様々な取り組みに発展してきました。武蔵野美術大学のデザイン情報学科には、二〇〇五年から「デザインの解剖」と題する課目が生まれ、毎年、学生がチームごとに一つの製品を選び、それぞれの企業に赴いて取材を重ね、オープンキャンパスで発表した成果を本にまとめるという一連の作業をしています。身近なデザインを通じて、情報がどのようなデザインによって活かされているのかを解剖のプロセスに則って学び、学外に出ての社会人とのやりとりからはコミュニケーションの難しさをも経験しています。そして何より、実際に物づくりの現場に足を運び、見て聞いて話して触って初めて手にした貴重な情報が、インターネットで安易に手に入ってしまう薄っぺらな情報よりも桁が違うほど、質、量ともに遥かに豊富だという事実を、身体で学び、実感してくれたはずです。

何度でも書きますが、デザインは大きく誤解されています。カッコよくすることだけがデザインなのではありません。これから必要な物事をつくり出すためにも、既存の物をデザインの視点で検証する。身近な物の背景がまったく分からない、つまり全ての物をブラックボックス化してしまった状態の現代社会で、その物の背景を多くの人に知ってもらうためにデザインを使うことで、人と物との距離を近づけたい。何でも便利に手に入る現代社会では、物は常に溢れていますが、それらがどこでどのようにつくられてきたのかを誰も知りません。これから食べようとしている魚が、いつどこの国で獲れたものなのかもまったく分からないのに、何の疑問も感じていないとすれば、これはかなり危険な状態です。

物の背景を知ることで、物をもっと大切にする心を取り戻せるはずです。物の価値を知れば、有り難いという気持ちが甦るでしょう。正に読んで字のごとく、有り得ないほどに大切な状況こそが「有り難い」のであり、感謝の「ありがとう」に繋がるのですから。「付加価値」なる言葉が日本をダメにしているのは『「付加価値」撲滅運動』にも書いていますが、価値は付け加えるものではなく、すでに環境や対象に存在しているのです。そのものの価値をちゃんと見つけられれば、余計な真似をする必要はない。デザインの視点で物や事を解剖してみると、様々な価値が自然と浮上してくるのです。それらを掬い上げ、適切な方法で可視化して人と繋いでいく。もしかすると掬い上げる必要すらない場合には、そのまま見てもらえばいいのかもしれない。そして、そのままにしておくことも、実はデザインなのです。

このような模索を続けながらデザインの解剖から学んだ「情報を整理整頓して見せる方法」は、二〇一二年、東日本大震災の後に21_21で催された東北の「食」と「住」がテーマの「テマヒマ展」でも活かされています。地元では何でもなく売っていたり家庭でつくられたりしてきた物を、東京のど真ん中で、あまり展示には凝らずに、ひとつひとつをガラスの上に丁寧に並べて見ていただくことによって、永年地元に根付いてきたアノニマスな物たちが、自ら語り始めてくれるのではないか。我々が「見せる」のではなく、物そのものに「語ってもらう」。これは、展示什器にお金を掛け、これでもかと力で見せつけるのとは正反対の方法であるのは言うまでもありません。

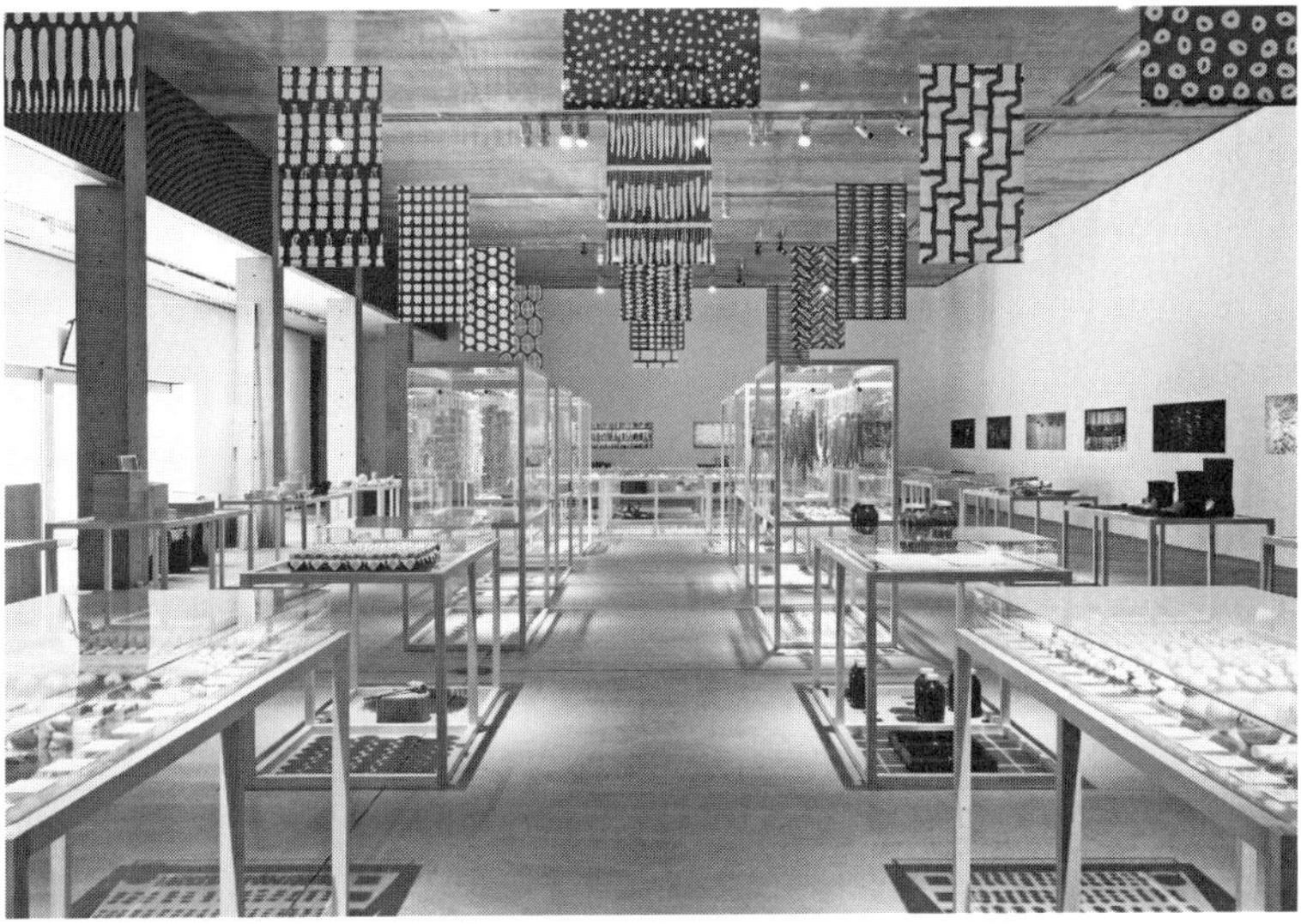

「テマヒマ展〈東北の食と住〉」

2012年4月27日～8月26日、21_21DESIGN SIGHT
Photo : Yusuke Nishibe

人の営みの中でデザインと関わりのない物事は何ひとつないのだとすれば、必然的にデザイン教育へと意識が向かいます。「『デザイン』の分類」の章でも記しているように、政治・経済・医療・福祉・科学・芸術、その他全てのジャンルにデザインが必要であるならば、子どもの時からデザインマインドを育む必要があるのではないか。そんな想いがNHKのEテレで二〇一一年から放送されている子どものためのデザイン教育番組「デザインあ」に結実しました。

二〇〇三年に始まったEテレの子どものための日本語教育の番組「にほんごであそぼ」の制作に企画から参加し、アートディレクションを担当していましたが、この番組のプロデューサーは「デザインの解剖」展を観てくれていて、デザインの解剖の視点を活かした番組がつくれないものだろうかと二人で熱心に話し合うようになっていました。しかし実現には、Eテレでデザインをテーマにした番組を実際に子どもたちが観てくれるものかどうか、NHK内部での審査を通過しなければなりません。件《くだん》のプロデューサーは、社内で幾度もプレゼンテーションをし続けた末、二〇一〇年にようやく二日間に渡り二回だけパイロット版の放送に漕ぎ着け、同年暮には構想約七年を経た翌二〇一一年四月から定時番組として放送される手筈になりました。放送開始までには充分な時間がありませんでしたが、まず、この番組は映像制作と音楽の連携が重要になると考え、インターフェイスデザイナーの中村勇吾さんに声を掛け、音楽を小山田圭吾さんに担当していただきました。

デザインとはごく日常的なものであり、特別な事柄ではありません。身の回りに潜むデザインを、どうすれば子どもたちが「面白い」と感じて観てくれるだろうか。子どもに理屈など通じません。「これはなんだろう?」と興味を持ってくれなければテレビから目を離してしまいます。時間もなく、NHKのスタッフとゆっくり議論している暇はありませんでした。それでも子どもたちに全身で感じてもらうことを目指し、スタッフと共にコンテンツを決め、各コーナーの制作をするうち、結果的にパイロット版以上に実験的な番組ができ上がっていきました。

子どもの時から、身の回りには様々なデザインが存在していることを楽しく知ってもらって、デザインはどうも面白そうだ、デザインは生活をする上でなんだか大切みたいだぞと感じてもらえればいい。実はこんな簡単なことなのに、つい大人は頭だけで考えて、面白くないものにしてしまいがちなのです。人も動物である以上、動物的に身体全体で「感じる」能力をもっているのに、大人社会はそれを活かせていません。すぐに「分からないだろうからもっと分かりやすくしよう」だのと、分からないをマイナスにしか考えない。しかし、我々大人だって、物事に興味を持つとはどういう状態でしょうか。これも別の章で述べましたが、分からないからこそ「何だこれは？」と興味を惹かれるのです。魅力的な「分からない」があるから、もっと知りたい気持ちが湧いてきて、興味が増幅していく。子どものための番組を制作するには、実は人と環境の間で、いったい何が起きているのかの本質にまで遡らなければならないのであり、それが常にデザインとは何かを考えるきっかけになっているのです。

ここで「デザインあ」がどのような意味を込めたタイトルかについて、お話ししておきます。「あ」は「あいうえお」の最初の「あ」、つまり物事の最初です。世界初の子どものためのデザイン番組の意味であり、子どもの時に初めてデザインを意識するきっかけの「あ」です。

さらにもうひとつの意味があって、それは我々が何かに気づいた、あるいは思いついた時などに思わず「あ」と言ってしまう、その気づきの「あ」です。日々の暮らしの中で、「あ、こうしたらもっとスムーズになるな」とか、「あ、こんなことがあってもいいんじゃなかろうか」とか、「あ、こんなところにこんな物が！」などと、数多くの「あ」があります。どんな発見にも発明にも最初にまず「あ」の瞬間があるはずなのです。小さな「あ」に促されて、人は気づいた内容を言語化して吟味しようとする。すると、さらなる「あ」に出会うことになる。もしやこれは……の「あ」の積み重ねが、やがて人を想像だにしなかった大発見や大発明に導いて行くものなのではないでしょうか。だからこそ、最初に気づく小さな「あ」を大切にしたいのです。実は世界を変えてきた、あるいは守ってきたのかも知れない日常の小さな「あ」への想いが、この「デザインあ」というタイトルには込められています。

二〇一一年に「デザインあ」が毎土曜の朝七時にEテレの十五分番組として始まって、観てくれている子どもたちや親御さんの反応や反響を踏まえながら、二年後の二〇一三年には二月から六月にかけて、21_21デザインサイトで「デザインあ展」を開催しました。有名な作品が特別あるわけでも、人気キャラクターが参加しているわけでもない、ごく日常のデザインがテーマのこの展覧会に、二十二万五千人もの方々に訪れていただいたのです。そして翌二〇一四年四月からは、月曜〜金曜の朝七時二十五分に五分版の「デザインあ」も同じくEテレでスタートしています。日常の何気ない事物を通じてデザインに興味を抱いてくださる方々が着実に増えているように感じられてなりません。

で、私は今、切実に、小学校の義務教育の授業に「デザイン」を取り入れるべきだと思っています。前述してきたように、ありとあらゆる物事と人との間にデザインはなくてはならず、人の営みの中で何事かに気づき、これからを想像し、先を読みつつ対処するのがデザインであるならば、それは「気づいて思いやる」、つまり「気づかう」ことに他なりません。デザインは、自ずと道徳にも繋がっており、それは、我々を取り巻く地球環境を人の営みと共に気づかい考えることでもある。だから一日も早く、小学校低学年からデザインマインドを育む「デザイン」の授業を、世界に先駆けて日本で始めてはどうかと提案したいのです。英語の早期導入や道徳の成績評価化の前に、むしろ国語・算数・理科・社会・体育・デザイン。いかがでしょうか。

21_21 DESIGN SIGHT

Photo : Naoki Honjo

サーフィン

私がサーフィンを始めたのは二十七歳の時、広告代理店に入って二年ほどが経っていました。その頃、一緒に広告の仕事をしていた写真家が、ある日、真っ黒に日焼けして打ち合わせの席に現れたので、どうしたのと聞くと、実はサーフィン帰りだとのこと。前に、伝説の大波に挑む三人のサーファーが主人公の映画「ビッグ・ウェンズデー」も観て感動し、このスポーツには何か惹かれるところがあったものの、なにせ渋谷界隈で見かけるサーフボードをルーフに積んだ車と、これを運転する茶髪サーファーの軟派な印象がすこぶる悪くて、とても近づく気にはなれずにいました。ところがこの日、真っ黒に日焼けした写真家の笑顔に、たちまち私の心は動かされてしまったのです。

早くもその週末の土曜、写真家の彼に湘南の海に連れて行ってもらいました。サーフボードからウエットスーツまで、急遽、頼み込んだ友人に一式を借りて……。ご存知のように、一枚のボードの上に両足で立ち、波に乗るスポーツがサーフィンですが、初心者がいきなり立てるはずもなく、海に入った私は見よう見まねでボードに腹這い、前へ進むために水を手で搔くパドリングをしながら、沖へ向かってみたり岸へ向かってみたりと、ふだん使わずにいた筋肉を大いに使って、さほど深からぬあたりでもがいていました。そしてボードの先を岸に向け、後ろから来る波に合わせてパドリングしていた時です。後方からぐいッと迫り上がったボードが、次の瞬間、もの凄いスピードで前方へ滑り降りていました。もちろん立つどころではない私は、無我夢中でボードにしがみついたまま、浜に向かって一直線に滑っていきました。腹這いのボードの低い視線から見える、ヌルヌルの水面を舐めるように滑るこのスピード感！　波から浜に投げ出されるようにしてボードが止まり、ようやく立ち上がった私は、引き寄せたボードをおもむろに持ち上げて脇に抱え、頭から滴り落ちる海水をもう一方の手でしきりに拭う間、ただ言葉もなく呆然としていました。小さな時分に水遊び用のビニールを膨らませたマットの上で海の波に揺られたことを思い出しましたが、固い板で波の上を滑っていく感覚は、それとはまったく違っていたのです。今のは何だったんだろう。二十七歳にもなってこれほど感動させられようとは、と思ったとたん、それまでの人生で味わった例《ため》しのない喜びが沸き上がってくるのを感じていました。

翌週には平日の仕事を早めに抜け出せる夕方を狙って、渋谷の公園通り裏にあったサーフショップで、ウエットスーツとサーフボード、車の屋根にボードを積むためのキャリア、足とボードを繋ぐリーシュコード等々のサーフィン用具一式を買っていました。あの頃に乗っていた車は三十八万円で買った中古のプリンスグロリア、その昔、お偉いさんのお迎えお送り用に使われていた黒塗り大型セダンで、縦目ライトのフロントグリルは、まるで一九六〇年代アメ車然です。タクシーみたいにハンドル脇のレバーを上下左右させてギアチェンジするコラムシフト式。かのスティーブ・マックイーンたちが出演していた六〇年代頃のアメリカ映画に出てくる大きなアメ車に憧れていた私は、金額のわりに程度のいい縦目のグロリアを探し出し、本人はいたってアメ車気分で乗っていたわけでした。

その、気分はすっかりアメ車、の屋根にキャリアを付けてボードを積んで帰り、家で新品のボードの上面に両足で立つ際の滑り止めのワックスを塗っていると、その匂いが部屋中に充満し、早くまたサーフィンに行きたい気分を増幅させます。その週末の土曜にも私は湘南の海に行き、感動はさらに大きく、そして何回か通ううちに、少しずつですが一瞬でも波に乗って立つことができ始めます。でも、すぐに転《こ》けて海の藻くずみたいになるのですが、そんな一瞬を経験したいばかりに、次の週も、また次の週も海に通うのでした。ふと気がつくと、私はサーフィンなるものにすっかり嵌り込んでいたようです。

写真家に連れて行ってもらった初回は肌寒い三月の土曜日でしたが、この年のクリスマスまで一度も休まず、全ての土曜は仕事を外し、海に通い続けました。土曜に仕事をしなければならない時だってあったはずなのに、どうやりくりしたのか今では覚えていません。そのくらい何よりも優先すべきサーフィンになっていました。

時には怪我もしたし、時には技術が伴わなくて人に怪我をさせてしまうなどの経験もし、時には大きめの波に巻かれたボードが頭に降ってきて気絶しそうになっても、次の土曜にはまたしても海に行きました。台風が接近している時の大きな波に巻かれると、しばらく海の表に出られずに、渦巻く海中でもがいてもがいて、息が切れるギリギリ寸前でやっと海面に顔が出せたかと思った途端に、次の大波に巻かれるなんてこともよくある。そんな時には目の中にキラキラした星が本当に見えて、もうダメかもしれないと本気で思うのです。それでもどうにか助かると、また沖に向かってしまう気持ちは、サーフィンをやっている人間でないと、おそらくは分からない。サーフィンは私にとってとんでもないくらいに特別なものになっていました。

そうするうち安定してボードに立てるようになり、風もなく海面が静かで、背丈ほどの波が打ち寄せている時などに、この上ない感動の瞬間が再び訪れたりする。つまり自分にちょうどいい波を直観するのです。波のコンディションがいい時には、沖から大きめの波がいくつかセットでやってきます。そんな波のリズムのいくつ目かに狙いを定めて乗る準備をする。テイクオフのタイミングに合わせてパドリングし、後ろからボードが迫り上げられ、波のボトム目がけて滑り降りようとする寸前に身体が反応して、右か左かどちらの足を先に出そうなんて考える間もあらばこそ、ほとんど無意識に立った直後には、波がつくる斜面を滑り降りている。水の上に立ち、これから滑り降りるぞ、の時が何にも代え難い、「無」になりきれる瞬間です。何も考えずに、その一瞬に集中しないと、えぐれた波の下に落とされ、もの凄い量の水に襲いかかられ、ボードと共に巻かれます。しかし乗れた時には、自然と一つになったパワーを身体全体で感じることができる。

どれだけ海に通っても、なかなか上手になりませんが、波に乗り自然と一体になる快感を味わうだけで充分すぎるのです。サーフィンは、あまりに多くのことを教えてくれる。自分の無力さをまざまざと見せつけられ、自分と環境との関係を把握する力も鍛えられました。自分の力が落ちているのに大きな波に無理して挑もうとすれば、即、死に繋がりかねないし、大きな波が立っている時の海は河のように流れているので、どれだけ自分が知らぬ間に流されているのかを気づかずにいる場合がよくある。ところが岸の景色を冷静に見ていれば、すごいスピードで流されていると気づくのです。常に冷静に、できるだけ客観的に自分の置かれている状態を把握していなければ、たちまち危険な状態に至ります。

これは死ぬぞと覚悟したことが今までに三回はあります。それでも、また海に行くのですが。

人は歳をとり、経験を積めば積むほど、事に当って傲慢になりがちです。とかく頭で考えて処理してしまおうとする。しかし自然相手ではそうはいきません。手加減してくれず、いくら理屈でなんとかしようとしても間に合いません。サーフィンは、自分の力のなさを、笑えるくらいにまざまざと教えてくれます。力不足の者は力のある人に波を譲る。自分より半分以下の歳若いサーファーにも、自然とのやりとりが上手ければ波を譲るのです。これは、いかにも理にかなったルールであり、とても気持ちがいい。自分の無力さは、人に理屈で諭されるより自然に教えられたほうが納得がいきます。波は人の力で押し返すことなどできないのだし、いい波が来なくても、ひたすら待つしかないのです。自然のリズムに合わせながら楽しむこと。自分優先ではなく、まず環境を把握し、身体が反応できる状態をつくっておくために、普段から自分を鍛えておくこと。これはもう、デザインという仕事への心構えそのものなのです。

構造と意匠

構造と意匠は、建築の世界ではよく使われる言葉で、どちらもデザインですから、構造のデザイン、意匠のデザインと言うこともできます。構造は、柱構造や面構造のように、建築物を物理的に成立させるための機能的な仕組みのデザインであり、意匠は、外形や質感や色、ドアや窓や壁など、構造を内包したうえで建築物に必要な表現としてのデザインです。

ふつう、グラフィックデザインは構造と意匠の関係では捉えません。大きな立体物の三次元で、自然環境の中、物理的に壊れないよう構造設計をしなければならない建築に対して、平面の二次元であるグラフィックデザインは、時間の経過とともに壊れる心配をする必要がないからです。紙の印刷物なら壊れるというよりボロボロになる、もしくは色が褪せる程度で、人の命にかかわるような危険はない。しかし、私にはグラフィックデザインにも構造と意匠の意識が必要だと感じる局面が多々あります。建築が自然環境の中での経年変化を考えなければならないのと同じく、グラフィックデザインも、人の記憶の中での経年変化を配慮しなければならないと思うのです。

一般にシンボルマークや商品のデザインを、人はどのように記憶して、その記憶は時間とともにどのように変化していくのでしょうか。しばらく見ることがなければ、その記憶は脳のどこかに一旦仕舞われて、忘れた状態になります。忘れていても、見れば思い出すのは、記憶が消え去ったわけではないからです。また、見慣れているはずのものでも、実物を見ないで絵に描くとなると、これがけっこう描けない。描くスキルの問題もありますが、記憶がいかに曖昧なものであるかの証左です。シンボルマークのデザインも、普段よく見かける商品のデザインも、人に覚えてもらう必要があるので、こんなにも曖昧にしか覚えてもらえない人間の記憶を想定のうえデザインをしなければなりません。

一度食べて美味しかった食品を、また買いたいと思った時、パッケージデザインを覚えていれば、また同じものを購入できる。商品名を覚えていて、という場合もあるでしょうが、それは名称を文字化したロゴとともに視覚的な印象として記憶に残ったに違いなく、そこにはロゴタイプというグラフィックデザインが関わっているのです。名前が目に飛び込んでくるようなデザインになっていれば、すぐ商品に辿り着ける。何かしら覚えていなければ、数多くの商品が並んでいる日本のスーパーマーケットで、以前購入して気に入ったものを再び選び出すのはなかなか難しいでしょう。かくて、曖昧な記憶しか残らない日常の人の営みの中で、グラフィックデザインは様々に工夫されなければならないわけなのです。

重要なのは、多くの人がグラフィックを曖昧に記憶する際の共通部分で、記憶の方向性が人によってブレていたり、輪郭もボケていたりしても、重なり合う部分があれば、商品のグラフィックデザインとして機能しているのです。ここに構造と意匠という建築の考え方が関わってきます。細かい意匠はそれほど覚えてもらえずとも、大きな構造は、曖昧であれ記憶に残る。

シンボルマークや商品のデザインの場合、なんとなく美しくしようとするのではなく、他にない新たな構造を持った図形なりパッケージデザインを考えれば、人の記憶に残る確率は上がります。そこには、基本的に単純さが求められる。複雑なものを複雑なまま記憶する能力も人の脳は持っていますが、情報量がやたら多い店頭では、この能力に訴えるのはきわめて難しいでしょう。まあ情報量が多いその中にあって、さらに圧倒的に情報量を多くできるのなら、相対的に目立つことにもなるかもしれませんが。それ以外にも、あまり見かけない様式などは、独特の世界観として目に入ってくる場合はある。しかしながら、商品として永く残させるためには、あまりにも特別な世界観だと、奇を衒ったものとしてほどなく消えていく運命にあります。だからこそ、オリジナルの構造をしっかり持った、軸のあるグラフィックデザインが必要なのです。

単純さと独自性を二つながら備えてさえいれば、細かい情報があろうがなかろうが、それらは必要に応じて対処すればよく、さほど問題にはなりません。

明治おいしい牛乳のデザインの構造は、青い帽子に白い身体、そして縦に太い文字で「おいしい牛乳」。ロッテ・キシリトールガムは、光るグリーンの地にマークと白いロゴ。実に簡単な構造で、その他の小さな文字は、時には加わったり取ったりと変更しますが、構造は永い年月変えていない。だから多くの人の記憶に、この構造の部分がおぼろげにも残って、独自性になっている。

構造と意匠、その二つのレイヤーでグラフィックデザインを考える方法は、商品デザインのみならず、ブランディングにも役立ちます。それこそ日本を世界に知らしめるのにも、この考え方は活かせるはずです。思想としての構造をしっかりつくったうえで、意匠を様々に見せていく。様々な意匠、すなわち面白そうなコンテンツばかりをひたすら並べてみても、歴史ある日本の真実を知らせるには軽すぎるのです。思想をまずしっかり形にしておいて、そこに多様で興趣に富んだコンテンツが並べば、世界でも稀な国、この日本の奥深さがより表現できるのではないでしょうか。

「便利」というウイルス

現代の日本社会には「便利」が溢れています。家電製品などが大量に出廻った高度成長期に、すでに日常生活はかなり便利になりましたが、その後もより便利にと工夫をこらし続け、ありとあらゆる物やサービスが生まれてきました。それらの「便利」が人に届くためには必ず何らかの「デザイン」を経るので、今、我々の身近にある商品のデザインを通して、現代の日本人の思考法や生き方を読み解くことができそうです。

ここでは、現代の「便利」について考察してみたいのですが、現在、安心して飲める水もない地域が世界にはあまたあり、日本国内でも二〇一一年の震災と原発事故でいまだにふるさとに戻れない方々が大勢おられるのですから、「便利」で溢れた状態が、必ずしも今の世界にあまねく当てはまるわけではないことも前置きしておきます。

日本は戦後の復興を経てなし遂げた高度成長を象徴するかのように、一九七〇年には大阪で万国博覧会を開催して、わが国の発展と新技術を世界にアピールしました。あの祭典に足を運び様々なパビリオンの行列に並んで、あたかも「鉄腕アトム」に描かれた科学技術の世界がすぐそこにあるような、日本の明るい未来を想像した人も少なくないでしょう。以後も技術革新は着々と進みましたが、その背景には資本主義、それを加速させるための経済最優先の効率主義、さらに民主主義と新自由主義の誤解から根を降ろしてしまった個人主義があり、これらの相乗効果で、ひたすらお金と便利を求める勢いは、オイルショックやバブルの破裂、リーマンショック、そして東日本大震災をも物ともせず、我々の中に手強いウイルスのように居座り続けています。こうした傾向は、日本に限らず世界の都市型社会の多くで見受けられる流れでしょうが、何の疑問も感じぬまま誰の身にも染み付いてしまった便利への欲求を、敢えて疑うことで現代社会の行く末を考えたいのです。

言うまでもなく、我々の日常を支えてくれている様々なエネルギーも、「便利」と大きく関係しています。エネルギー問題はとかく資源や技術といった面からばかり語られがちですが、エネルギーを使う側の我々人間は何を志向し、どう思考しているのかを考え直してみるならば、「便利」という厄介な概念に必ず行き着くことになる。

では「便利」とは、いったいいつ、どこからやってきたのでしょうか。

それを考えるのも実に厄介です。生命そのものに、環境に合わせて便利に進化してきた側面があるのですから。海で生まれたとされる生命がやがて陸に上がって歩行できるようになったのも、本来は猛毒である酸素という物質を身体に取り入れ、生きるうえでの重要な要素に還元してしまったのも、地球上で都合よく生き延びて行くべく環境を便利に利用した進化の結果でした。手の先に五本の指があるうち、親指だけ付け根の位置も関節が動く向きも他の指とは違うことで、物を摑んだり握ったりできる。これは地面に重力で引き寄せられて四つ足だった生き物が人間になる過程で、重力に逆らって立ち上がり、脳の発達と共に前足＝手を自由に使えるように進化した結果です。かくして、自然環境をうまく利用していく生命のあり方を「より便利に進化した」と捉えると、生命には「便利」を求める性質がそもそも組み込まれているのだとは言えないでしょうか。つまり自然の進化そのものに、そのような要素が含まれている事実を前提にしつつ「便利」を捉え直す必要がありそうなのです。ただし、全てが便利になったとは言いがたい不思議な現象が人類の進化にはあるので、その興味深い事例については、この章の最後に述べることにしておきます。

現代のありとあらゆる問題を引き起こしている元ですらある「便利」について検討する時に、生命としての「進化の便利」と、人が意思的に求める「思考の便利」とを、はっきり別のものとして分けて考えなければなりません。生命の進化そのものが便利を求めた結果なのだから、人は便利を求めて当然であるという方向に逃げてしまうと、現代社会の様々な病はいっこうに善くならないからです。

まず、生命が獲得してきた「進化の便利」には常に身体があり、ゆっくりとした時間の流れがあります。長い長い人類の歴史の中で、太陽があり水があり空気があり、気圧があり重力があり地面があって、時には激変もする環境と折り合いをつけながら、少しずつ進化してきた人体の在りようは、細胞の一つ一つに到るまで「自然」そのものです。当然、自然に進化してきた我々の身体の「便利」にあっては、いいも悪いもありはしません。

次に「思考の便利」は、さらに二つの方向で捉える必要があります。一つは、人が明らかに意識的かつ急激に追求した「便利」。もう一つは、人と人との関係の中で必然的に生まれ、徐々に育まれてきた「便利」。

後者の象徴的な例として「言葉」があり、それが可視化された「文字」があります。人間が言葉と文字に至る前までの経緯を想像してみると、喉から発する音の強弱や高低で獲物や危険の有無、求愛すらも伝えようとするうちに、だんだん他人と共有できる声になり、やがて物事を共通認識し、表現する言葉になり、並行して発達してきた絵画表現と言葉が重なり合って絵文字が生まれ、いつしか現代の文字にまで進化したのです。言葉と文字の

「便利」によって社会が生まれ、民族意識が生まれ、国家が営まれ、都市のインフラが整備されと、人の暮らしのために様々な機能を果してきました。

これに対して前者の「便利」は、生命の進化に近い自然な流れにむしろ逆らうかのようにして、脳で意図的に思考・計画され、現代社会に溢れ返っています。もっとも、人類の重大な革命の一つとされる農業革命以前にも、石器時代にすでに便利な道具の開発は行なわれており、意図的に便利を志向・思考する行為は脳を発達させてきた人類の歴史と共にあって、そのまま人類が築いてきた文明に深くかかわっている事実は否めません。産業革命ばかりか情報革命をも経た現代社会において、便利に便利を重ねてきた結果、さらなる便利を脳が思考せずにはいられない理由も分からないではないのです。

しかし、現代の「思考の便利」のほとんどが、厄介にも経済活動と結びついて金儲けに利用されている点に問題があります。今や私たちの身の回りは、ビジネスとして提供される便利だらけだと言っても過言ではありません。便利な物の提供は、物を通してコトを提供する豊かな営為であるなどといくら理論武装しようとも、本音の目標は常に前年比を越える販売数であって、大抵、そんな理屈は金儲けの建て前に過ぎません。豊かさの指標が文化ではなく経済に偏ったところに人の本能ともとれる便利を求める思考がガッチリ噛み合った形で社会がドライブされているのです。そしてそれを客観的な輿論ではなく、歪められた民主主義と新自由主義から生まれた身勝手な個人主義の総体であるワガママ世論が支えています。意図的に仕込まれて街中に蔓延《はびこ》り、我々の心身に染み込んでしまった無数の「便利」を敢えて疑ってみることは、まるで文明の否定、経済の否定、ひいては人の営みそのものの否定ではないかと誤解されそうで、どこかおかしいと思いつつも触れないでおく、思考停止にしておくのが大方でしょう。「便利」を今さら問い直してみること自体、容易な業ではないのです。

しかし、いい方法がひとつある。身体を基準に考えるのです。身体を動かさないようにするための便利を貪って暮らしていると、人間はどうなるか。考えてみればすぐに分かる簡単な道理です。身体が衰えれば人は死に向かいます。生き延びるためには、環境の変化に耐えうる柔軟な身体を保っている必要がある。人の輪郭たる身体を基本に捉え直してみると、自ずとこれからの「便利」が見えてくるのではないか。

見まわせば、現代の便利のほとんどは、いかに身体を使わないで済むようにするか、なのです。そのために考えられた便利が身の回りには溢れています。スイッチひとつで何でもできる。コンビニエンスストアに行きさえすれば、とりあえず必要な物なら何でも手に入る。階段を使わずエレベーターやエスカレーターに乗れば楽である。掃除や洗濯、食器洗いも機械がやってくれる……。人は二足歩行ができるようになり脳が発達し、思考を手に入れたことで、同時に楽することも覚えてしまいました。生活のために頭を使うのは、考える人間の性《さが》でもある。より早く。より食べやすく。より簡単に。より暖かく。さらに人の営みを善くするために知恵を使うのは、我々に与えられた素晴らしい能力なのです。しかし現代社会では皮肉なことに、その素晴らしい能力ゆえに便利を追い求めたがため、身体的には厄介事が次々に起こってきてしまいました。

少し話が逸れますが、漢字の「楽」の意味を考えてみると、日本では、ラクをする意味の「楽」と、たのしいを意味する「楽」が同じ漢字です。その二つの意味を繋げば、ラクをして身体を使わないようにするのは楽しいことだ、となります。元々「樂」とは、木製の柄があり糸飾りの付けられた手鈴の象形で、神様を楽しませるのに使用した楽器であると、白川静は『常用字解』で説き明かしています。楽しさに「のんき」の意味が重なり、やがて怠惰な意味での「楽をする」に至るのです。人は基本的に楽しいことを好み、生理的にも楽しくしているほうが免疫力さえ上がる事実も分かってきました。便利になるは、楽になるであり、さらにそれが楽しいに繋がってしまうのですから、便利を疑ってみるところか、人は生来、便利でラクなのが大好きなのです。

しかしながら、ラクで楽しい身体を使わないで済む便利が加速し、そこにもってきてこの飽食の時代です。現代人の身体はどうなっているのでしょうか。肥満、糖尿病、高脂血症など挙げればきりがないほど、現代病は行動量と反比例して増えてきました。今後ますます身体を使わない生活に至れば、めくるめくような便利のスピードに、人間の身体の進化はとても追いつけはしないでしょう。一万年なんて単位は無理としても、もっとゆっくりじっくりと、長いスパンで少しずつ変化する社会であればまだしも、現代の便利の猛スピードは、人の身体の自然な進化など全く前提にしていません。なんとしても、身体を動かすことを前提に便利を思考し直す必要が絶対にあると思えてならないのです。

では、いったいいつ頃から、身体を使わない便利がかくも蔓延ってきたのでしょうか？よくよく憶い出してみると、ほんのつい最近まで、まだまだ身体を使いながらの便利が生活のそこここにありました。例えば、誰もが使うトイレについて——。トイレと下水処理が人間社会にとってなくてはならないインフラの一つであることを、よほど徹底した自然回帰論者でもない限り、否定する人はまずいないでしょう。しかし、今の便器には用を足した後に肛門を洗うシャワーが備わっているどころか、トイレに入ったとたん便器の蓋が自動的に開いて、使用音を目立たなくするための音楽まで鳴るタイプもあります。このまま加速していくと、使用者が男性か女性かを識別して何事か話しかけてくるトイレも出現しそうです。まるで人知を皮肉ったパロディー映画のようですが、放っておけば本気で考える人が出てきかねない。しかもそれこそが新しいアイデア、つまり付加価値だと思いこんでいる。しかし、便器の蓋が貴重なエネルギーである電気を使用してまで自動で開く必要がどこにあるのでしょうか。自動車の窓の開閉は、スイッチひとつで上下しなくても、手でレバーをくるくる回して開け閉めするのではいけなかったでしょうか。健常者が荷物も持たずにたった一階上へ上がるのにエレベーターを使う必要があるでしょうか。しかも、ここで挙げた例の全てに電気が関わっている。身体に障害がある方や力が弱い方のために必要な機能が備わっているのであれば理解できるのですが、その域を遥かに越えた過剰な便利が急激に増え続けているのです。人は一度便利を覚えてしまうと、なかなか元には戻れません。ところが人は本来、身体を動かすことで環境を把握しながら「自分」の存在やその輪郭を認識してきたのです。このまま過剰な便利が加速すると、「自分」の認識すら希薄になっていくしかない。身体は自己認識のセンサーでもあるのです。それを蔑ろにして便利を優先する社会が進んでおり、そんな便利のために大量の電気が使われ、原発が必要悪として存在する。これは何かがおかしくないだろうかと思うことが、はたしておかしいのでしょうか。我々の身体に巣くってしまった便利ウイルスが、見えないところで悪さをしているのではと疑いたくもなるのです。

そして身体のみならず、このウイルスはわが国の培ってきた文化までをもボロボロにしてしまいました。日本の伝統文化の現状を見てみれば、生活に根付いた手作業による物造りは散々なまでに「便利」に駆逐され、瀕死の状態に追い込まれています。手間ひま掛けて造られる漆器、染色、織り物、和紙、陶芸など挙げればきりがないほど、使うために育まれてきた日本の生活道具が、今この瞬間にも次々に消えていく。デザインにも、元来使い易さを多くの人と共有する目的があるので、効率優先の資本主義と技術革新、大多数の意見を取り入れようとする民主主義思想とが相まって大量生産はいよいよ増し、かくも大量に簡単に安く手に入る「便利」を疑うことは、何度でも述べますが、相当の難事です。また同時に、「便利」のメリットも認めざるを得ない。

例えば日本では高度成長初期に洗濯機・冷蔵庫・テレビが三種の神器と呼ばれ、これら「便利」の各家庭への普及により、一日中家事に追われていた主婦にも外出し、仕事に就き、読書をするなどの時間が生まれ、情報が茶の間にいながらにして手に入るようになりました。これは、ただ単に楽になったのではなく、まさしく生活を一変させるメリットでした。同時にウイルスのごときデメリットも芽生えたのだとしても。

このように考えてみると、実は少し前の時代に、もしかしたらちょうどいい程度の「便利」があったのではないかと思えてくるのです。当時、これでちょうどいいと思わなかったからこそ現在の度外れた「便利」に到ったわけですが、身体を動かし使う観点で遡ってみると、ちょうどよかった「便利」が見つかるのではないか。思うに、それは昭和のある時期にあったのです。高度成長と技術の発展に意識を奪われていて、人体に必須の運動についてなど微塵も考慮せずに、自動で働く便利な物づくりに邁進していたのでしょうが、あの頃の技術はまだまだ発展途上だったために、結果として半自動の「便利」がそこここにありました。懐古的にあの頃は良かったと申しあげたいのではなく、半自動の中に人体に欠かせない運動が適度に備わっていたように思うのです。半分くらいは身体を働かせていた時代の諸事象を検討し直して、身体を日常生活の中で使う喜びを再発見できるちょうどいい物やサービスを、最新のテクノロジーを活かしつつ改めて提案できないものでしょうか。むろん技術と経済を否定するのではなく、このちょうどいい「便利」に立ち返ることでこれからを考えていく方途が確実にあるはずなのです。

「便利」に対して「不便」という言葉があります。「便利」が身体を使わずに済む方向なら、「不便」は身体を使わざるを得ない方向、つまり面倒くさくて嫌だとなってしまう。何ゆえに現代人は、こんなにも身体を使いたがらないのでしょうか。肥満解消のためならば、お金を払ってまで喜んでエクササイズに通うというのに。そんなことなら普段の生活の中で考え方を少し変えて、何かを不便だ面倒くさいと思った瞬間に、ちょっと待てよ、これは身体を動かすいいチャンスではと立ち止まってみてはどうでしょうか。それがわずかなりと身体を動かす機会になると判断されたら喜んで前向きに引き受けてみる。駅の混雑したエスカレーターは使わずに階段を、等々。繰り返し実行するうち、習慣になる。少なくとも私はそのようにしています。「便利」が今の社会をダメにしてきたウイルスだと気づけば克服できないことではありません。こう考えてみると、つい不便だ嫌だと思いがちなあれこれの中に、身体にとってはむしろ都合がいい「身体性便利」が隠れている場合が多くあるのです。これからは「便利」の概念を、身体性を基本に考え直していく必要がある。そして「不便」だからとつい言ってしまうその裏側には、一見魅力的な「便利」の危険なウイルスが潜んでいることに常に留意しておく必要があるのです。

ここで、先程触れた興味深い事実を確認しておきます。それは、人の身体が便利に進化した一方で、大変不便な進化もしている点についてです。それによってこそ現在の人間になりました。すなわち、人体は柔らかくて傷つきやすい皮膚を纏っており、これは敵から身を守る上では甚だ危険な状態なのです。引っ掻かれればすぐに傷だらけになってしまう。わざわざ不便に進化したとしか思えない。傷つきにくく進化するのであれば甲殻類のように、はたまたスター・ウォーズの兵士のごとく硬い表皮に覆われていればいいわけなのに、なんと体毛までもがほとんどなくなってしまった。猿人のまま全身に剛毛が生えていたほうが身体保護には有利だったに違いありません。しかし、人間の進化はあえて逆の方向を選びました。弱さの不便を受け入れることで、他の生物とは違い、様々な変化に順応し得る進化を遂げたのです。環境を細やかに感じ取れる神経が全身に発達したことによって、実に繊細な感受性が育まれてきました。そこから、どれだけ人の喜びや、服飾をはじめとする豊かな文化が生まれてきたことか。量り知れないのです。

そうした進化のあり方を、このところの車の進化と照らし合わせてみると、興味深い類比が見られます。以前の車は硬い甲羅じみたボディーを身に纏っていましたが、今の車は柔らかいボディーが簡単に凹むようにできており、しかもエンジンなどが外部からの衝撃でどのように潰れて移動し、人体を守れるかが最優先に考えられている。つまり人間の身体同様、全体が柔らかく進化しているのです。硬い鉄の鎧を着けたような頃の車とは考え方が正反対で、事故の衝撃をはね返したりせず、むしろ安全に吸収してしまう。これはまさに塑する思考の実践です。自然に進化してきた人間の身体をじっくり観察してみると、デザインのこれからのヒントが見つかり、現に日常のデザインの現場でそれは活かされつつある。賢い進化の過程と捉えるべきでしょう。とかく人間は便利なほうへとしきりに頭で考えるのですが、頭で考えても碌なことはまずなくて、自然の中に素晴らしい事物をどれだけ発見し、今後にどう活かし得るのか。ここにこそ人の優れた力を注ぐべきではないでしょうか。

敢えてしてみる不便から大きな飛躍を生み出すところに、人の営為のすべての手がかりが隠されているとさえ思うのです。便利ウイルスに抗するワクチンがもしあるとすれば、それは便利を疑う習慣にしかない。考えなければ気づかないではダメです。日常生活の中で、人はいちいち考えながら行動しているのではなく、物事に瞬間的に反応して、ほとんどの行為が無意識に起きている。そんな中に便利ウイルスはしたたかに入り込んでいるので、考えなければ、では、ぜったいに気づくわけがない。便利は常に魅力的で、楽をしたい身体はいつも便利を欲しています。手強いウイルスはそこに付け込んで我々の普段の生活のどこそこに必ず入りこんできます。だからこそ、便利の危険性を疑ってみる習慣を身につけるしかない。そうして多くの人が少しずつ変化すれば、全体としては大きな変革になる可能性が十分にあるはずなのです。俺や私の利益が最優先される個人主義全盛の時代に、失ってしまったものをどこまで取り戻せるかは、この便利ウイルスと人類とがどう共にほどよく進化するかに掛かっているように思われてなりません。

食と身体とデザイン

以前、私には理由不明の頭痛がしたり、身体がドロドロになっているような不調を感じたりした時期がありました。そこで漢方医学に精通した信頼すべき方に診ていただいたところ、私の体液は極端に酸性で、身体が陰性に偏っているとの診断でした。それからの半年ほど、薬による対症療法ではなく、医食同源の言葉通り、陽性の食物を積極的に摂り、冷えた揚げ物など酸性の食物は極力控えるようにと、身体バランスの指導をしていただくことで体調を整えていく経験をしました。まさしく身をもって。食が身体の死活に関わる存立要件であるのは言うまでもないけれど、それどころか、その日その日に食べているものの如何《いかん》で身体がこんなにも影響されるのかと驚いたものです。なるほど私は、卵、小麦粉系の麺類、乳製品、糖分の高い果物ほかの、陰性の食品が大好きだと気づかされました。所謂《いわゆる》カリウムを多く含むのが陰性、ナトリウムが豊富なのが陽性の食べ物であることも教えられ、そうした指導に従った食事を私は徹底的に試みたのです。すると一ヶ月で、食べないのではなく選んで食べているだけで、一キロの中性脂肪が私の身体から流れ落ちていました。私は太っていたわけではなく、どちらかといえば痩せていたのに、半年で計六キロも減量していました。おでこが痩せる経験をしたのも、むろん初めてです。まさかおでこに脂肪の層がそんなにあろうとは……。

私の身体が陰性から中庸に戻り、体液もアルカリ性になっていくにつれ、これまた驚くことには、血液がサラサラになったのが、まざまざと体感できたのです。例の頭痛も、身体を覆うようなドロドロとした不調も、いつの間にか一切なくなっており、次の年からは、なんと花粉症の症状も出ることはありませんでした。

こうした徹底的な体験を通じて、私は食べ物と人の身体との関係の限りない面白さに惹かれました。例えば熱暑の国であるインドで生まれたそもそものカレーはスパイスをたっぷり入れて、熱量を日本のカレーほど加えずに仕上げる調理によって、身体を中から冷やす役割りをしている事実も知りました。南国産のパパイヤなどの果物もしかり。また、調理とは元来、理を調整する意味であると聞かされたときには目から鱗でした。思えば調理もデザインなのです。これほど流通が便利になり、世界中の食べ物がいつでも手に入る反面、調理して「旬のものを食べる」習慣はなくなり、寒い冬場になんとインドカレーを食べ、デザートにはさらにパパイヤを食べるのがふつうになってしまった現在、そのようなことを日々繰り返していれば、身体のバランスがいつおかしくなっていてもなんら不思議ではない。

ここでも「便利」ウイルスが顔を出しています。何でも便利に食べられてしまう状態にあって、知らぬ間に我々の身体は内側から壊されつつある。私の身体は、その実験的な証左だったわけです。人の営みの基本要素である食の世界に分け入ってみると、デザインにとってはまだまだ未開拓であることが感じられました。その後、こうした意識が日本および日本人にとって、わけても重要な意味をもつはずの米がテーマの「コメ展」なる展覧会に繋がってゆくのです。

二〇一四年の二月から六月にかけて六本木ミッドタウン内の21_21デザインサイトで開催したのが「コメ展」であって、「米展」でなかったのは、会場に多数掲げられるはずの解説文などの中で、他の漢字に大事な米が紛れてしまわないようにしたかったのと、アメリカ合衆国を「米国」どころか「米」と漢字表記する場合もしばしばなので、敢えて展覧会のアイデンティティを明らかにすべくカタカナでコメにしたのです。この展覧会は、コメが他のあらゆる食品と同列にしか扱われなくなっている今、再度、日本と日本人にとってコメとは果して何であったのかを検証し直そうとの提案的な意味合いを強くもっていました。

文化人類学者の竹村真一さんをコンテンツディレクターにお迎えし、ＡＸＩＳの宮崎光弘さん、フードディレクターの奥村文絵さんその他、多くのクリエイターの方々、そしてコメづくりを実際になさっておられる皆様の参加・ご協力を得て開催に至りました。コメづくりの経験もなしに何をか言わんや、でしたから田植え、稲刈り、脱穀までを私たちは経験させていただき、そうして穫れたコメは快く展示に使わせてくださいました。一度経験したくらいで何が分かるものかとお叱りを受けそうですが、手で植えてから手で刈り取るまで、どれだけ大変な作業の連続であるのか、また農作業に機械を導入する意味についても、自分でやってみたからこそ初めて気づかされたのでした。

かえりみるに、これを遡ること十年ほど前から、北海道のホクレンが販売する米のパッケージデザインとブランディングを私が担当させていただくことになった折に、あたかも竹村真一さんと共同して、丸の内にその頃あったカフェを会場に米をめぐる小さな展覧会を開いたのが、そもそも「コメ展」の端緒だったのかも知れません。さらに二〇〇七年から〇八年にかけて、件《くだん》の21_21デザインサイトで、水をテーマにした展覧会「water」を同じく竹村さんらと組んで開催できたのも大きく影響しています。それらと、食と身体との関係への尽きせぬ興味とが相まって、二〇一二年秋、ホクレンの「ゆめぴりか」新米発表会の当日、ホクレンのご協力の許、一日だけの展示を実験的に行い、そこから大掛かりな「コメ展」へと進展していきました。

コメは、日本列島では弥生時代から本格的に栽培が始まったとされています。以来、日本人の食を安定的に確保するための工夫が、倦まずたゆまず、気の遠くなるような長きにわたり重ねられた結果こそが現在のコメ大量生産なのです。また日本におけるコメづくりの営為は、ただ食を満たすためだけには終わらず、豊作をあめつちに祈り、八百万《やおよろず》の神と繋がり、里山の景色を生み、生物の多様性を育み、田んぼは地域の冷却装置の役割りを果し、江戸時代までのコメは税金や給料の代わりともなり、脱穀後に残った藁はなんと屋根になり、ワラジになり、畳の芯になり、納豆のパッケージにもなって、生活の隅々にまで及んでいた。つまるところ経済と文化の全般を、他ならぬコメが横に結びつけていたわけです。それが、あらゆる物事が縦割りにされ、コメも食としての部分ばかりが取り上げられるようになった今、まさにその部分のみでＴＰＰ交渉の俎上に載せられそうな窮状に立ち至っています。

そんな窮状を案ずれば案ずるほど、自然と寄り添うようにして営まれてきた日本のコメづくりは、日本が世界に誇るべき「事のデザイン」そのものではないのかとしきりに感じられ、どうあってもコメがテーマの展覧会をと切望したのです。それに応えるかのように、展示作品は様々なコンテンツが、参加くださった作家の方々の創意と工夫で、映像から写真、コメ人の言葉、文章、コメに関わる実際の事物、来場者が参加できるゲームや遊びまで、およそ多岐に渡りました。

この準備中に、なんと日本食が世界の無形文化遺産に認定されましたが、それを手放しで喜んでいる場合ではなく、逆に考えるなら日本食は、放っておけば絶滅する可能性がある、意識的に守らなければままならない危惧種と見なされているわけなのです。日本食の中核とも言うべきコメの消費が近年急減している実情に照らしてみるなら、それはコメおよび日本食の空洞化を意味しており、まさに今、この日本なる国を造ってきたコメを見つめ直すべきタイミングを逸してはなりませんでした。

別の章でも述べているように、ここのところ日本の食料自給率はカロリーベースで約四割、四割を切ることさえあり、ほぼ六割の食料を海外に依存するには、大量の見えない水が使われており、我々が何気なく食べている外食の牛丼一杯につき、約二千リットルもの水が使われているとの計算があることすら知らずにいる。あるいは毎朝コーヒー一杯飲むためには、カップに入れるお湯だけではなく、コーヒー豆をつくる段階から多量の水が使われている。ゆえに約六割の食料を海外に依存している日本は、それらの食料を通して大量の世界中の水を使っていることになる。もしも自給率百パーセントを本気で目指すなら、まず大量の水を貯めるなどして確保しなければならないのに、この点、日本は水が豊かな国だとされているのは半ば以上嘘だと言うべきです。食料を通じて海外の水を大量に使っておきながら、国内の水は大切にしようとせず、平然と河から海へ流してしまう。こんな真似ができるのは、六割の食料を海外に依存しているからなのです。晴れれば嬉しくて雨降りはがっかりだなどと、都会人にありがちなそんな身勝手が言えてしまうのも、我々が海外の水を大量に使っている現実を知らずにいるからでしょう。そもそも水は、天から降って循環しているものですが、雨水ではなく、天水として感謝を捧げる心も今では失われました。

私たちは、命に直接かかわる食料について、その背景をほとんど知らずに暮らしています。食料ばかりか、何もかもがより便利になるにつれ、身の回りの機器の背景もブラックボックス化していますが、その便利な機能の成り立ちや仕組みについて何も知らぬままでも、うまく操作できさえすれば、もう知った気になっている。ここまでくると、むしろ有能な機械が無知な我々を操作し始めているようだと考えるべきかもしれません。もっとも、我々の生命そのものだっていまだ謎だらけですから、何事かを全て知り尽くすことなどあり得ないのは承知していますが、何も知らないのだと気づかずに知ってますよと思い込んでいるのは余りに危険すぎる。この思い込みを効果的に未知化するには、社会一般の意識が着実に改められなければならず、そのための教育も、むろん必要となる。そして、人を無知の知へと誘なうことに、デザインの仕事こそは、今後もっともっと役立つはずなのです。

秩序と無秩序とデザイン

熱は、温度の高い物から低い物へと移り、その逆は起きない、というのが熱力学の第二法則ですが、人間の営みにも、これと似通ったところがあります。すなわち、秩序のある状態は、放っておけば無秩序へと移行してしまうものであり、その逆は起こり得ない。だから、社会の秩序を保つべく、人は意識的に無秩序の増大に逆らう努力を続けてきました。それこそ熱を込めて。さらに全ての規則は、社会が秩序を失い、バラバラに拡散してしまわぬように、調整を目的として人がつくりあげた社会のデザインに他なりません。エントロピー増大の法則ならぬ秩序減小・無秩序増大という観点から、デザインについてとくと考えてみるのは、なかなか興味深いことなのです。

無秩序増大の、ごく身近な例を挙げてみるなら――。せっかく思い立って部屋を綺麗に整理整頓したというのに、宅急便が届いたりして、まあとりあえずのつもりで壁際に置いておいたその段ボール箱が、一週間も開け忘れていると早くも部屋の景色に馴染んでおり、とりあえずでもなくなった箱の上にまた別の何かをとりあえず重ねて置くなどをくり返すうち、気づいた時には散らかり放題に散らかった無秩序な部屋にすっかり戻ってしまっている。あるいは、新品で購入した物も永く使用していればキズも付くしクタクタ、ヘナヘナにもなる。そういった使い込んだ感じは味わいともなり、かえって愛着も増そうというものですが、やがてボロボロにまでなって常用に差支える状態に至る。それは、その物が持っていた使用目的という秩序が失われたことを意味している。あるいは、一つの商店街の各店主が相談、協力の上、当初はピカピカの商店街に生まれ変り、集客をとり戻したとしても、時とともに古びるし、汚れていきます。私などにはその古び方、汚れ方が好ましいくらいだけれど、人通りが絶え、シャッター街と化した時には、残念ながら商店街としての目的＝秩序は消失したと判断せざるを得ない。あるいは、あらゆる人工物に不可欠のメンテナンスとは、無秩序に陥ることとの戦いなのです。まして、電子情報の乱れ飛び方ときたら無秩序そのものであり、これを整理し、自分なりにファイリングしたなら、その人はまさに情報のデザインをしたのです。

前述の通り、社会生活には必ず規則が必要です。往来で他者との衝突を避けるための規則を可視化したのが信号機です。それぞれの住居の範囲は決めておくほうが喧嘩にならずに済むので敷地とその所番地がある。ゴミ捨て場だって話し合いのもと決めておけば不快な臭いと見た目を最小限に抑えられる。かつての物物交換ではお互いが必要とする物が確実に手に入らない場合も少なくない。そこから貨幣の概念が発生した。世の中のすべての規則は、我々の生活を縛るためにではなく、集団がある程度秩序立って快適に過ごすために定められています。しかし規則においても、無秩序はどうしても増す傾向にある。四角四面の命令に対して、人は少なからず反発を覚えもするからです。だから、規則を守れないのではなく、敢えて守らなかったりする。

例えば信号機がいくら赤で止まれと命じていても、自分以外には誰もいない田舎道の交差点で、それを無視して渡らない人が果しているでしょうか。無視しておくのが、むしろ合理的な判断というものでは。これが、多少は人がいて車も走っている交差点となると判断も違ってきます。まあ無茶はせず信号に従っておこうと判断する人もいれば、タイミングをみて信号無視を決め込む人もいることと。このように、人は秩序と無秩序の間にあって適宜判断を下しています。時に規則が破られるのは、人に優れた思考能力が備わっている証左でもあるのです。

片づきすぎた部屋にいるのより少し雑然としているくらいのほうが落ち着けるし、商店街も居酒屋も古びかけが心地よく、使い込んだ道具ほど手になじんで具合がよい。これらに共通しているのは、ほどよい秩序とほどよい無秩序が同時に見出されることではないでしょうか。秩序も無秩序も、度が過ぎては駄目なのです。ほどのよいところを見極める。別の章にも書いていますが、そこにこそ、デザインを考える、ひいては人の営為を考える上での大切なヒントがあるように思われてなりません。

ところが、今の日本人の「清潔」に対する病的なまでのこだわり方を見ていると、ほどが悪いにもほどがある、と言いたくなる。たしかに、ほったらかしにしておけば、なまものなどは必ず腐敗し、病原菌が繁殖します。それを防ぐべく、除菌、殺菌、無菌、消毒のための製品が盛んに開発、宣伝されて、日本人の「もっともっと清潔に」志向に拍車をかけてきました。過ぎたるは及ばざるが如し。いかなる菌も見逃すなとばかりに排除した結果、かえって人体の抵抗力や免疫力の面での問題が深刻度を増しつつある。

言うまでもなく国政とは、国民が共に暮らしていくための規則を定めるシステムです。放っておくと国ですらもバラバラな無秩序に陥りかねないので、政治があり法があって国を統治します。国という概念がまだなかった縄文時代にも、村単位でゴミ捨て場などのルールはすでにあったらしい。しかしながら、敗戦とともにGHQによってにわかに導入された民主主義なるものを、わが国が経済大国になるにつれ身勝手に解釈し、我欲最優先の誤った個人主義で、ワガママ言いたい放題のバラバラな無秩序状態にこの日本は至ってしまったのではないかとの疑念はぬぐいようもありません。

かと思うと、じつにほどよい習慣が、日本にはまだまだ残っていたりする。ごく日常を例にとれば、誰に頼まれたわけでもないのに、毎朝、自宅前の道を掃き清めながら、行き交う人にお早うございますと笑顔で挨拶なさっているような方をよくお見かけします。世界に誇りたいくらいのこうした麗しい気質が一般市民に根付いたのは江戸時代以降だとする説もあるようですが、その遥か以前から、森羅万象に神が宿っていると観じてきた国にあって、人々は全てのものの大切さを想い、はらい清める心で丁寧に接する生き方をしてきたのではないでしょうか。政治がうまく機能していなくても、そうした日本人気質が、なんとか国を支えているようなところさえある。政治的な国力が、ではなく、伝統文化を通じて自ずと身についた、言わば国民力が。

秩序と無秩序、国と国民、伝統と現代、人と人、人と物事……。それらのほどよい関係を見つけるためにこそ、人の営みにはデザインがあり続けるのです。

あとがき

　この本のための原稿を少しずつ書き始めてから、もう何年になるでしょうか。きっかけは、銀座の路地裏にある小さな蕎麦屋でのある出会いでした。私が事務所でミーティングを終え、お相手の方を行きつけの蕎麦屋にお連れすると、隣に、その後この本の装幀もしていただくことになった芦澤泰偉さんがおられたのです。私は初対面でしたが、私がお連れした方と芦澤さんが元々知り合いだったことから、ご紹介をいただくことになりました。芦澤さんは装幀家として著名な方なので、お名前だけは存じ上げていました。そして光栄なことに、すでに私の仕事や活動をご存知だったのです。その場は、芦澤さんが連れて来られた方も含め、まるで最初から四人で席を予約していたかのように話が盛り上がり、閉店の時間まで話し込むことになりました。その別れ際だったと記憶しています。芦澤さんが突然「佐藤君は本を出すべきだよ」とおっしゃったのです。「本を出さなきゃダメだよ」と。初めてお会いしたのに、この方は何をおっしゃっているのだろうと、私はちょっと戸惑いました。しかし、どうも真面目におっしゃっている。なぜなら、目が笑っていなかったのです。その場は「はい分かりました」と曖昧な笑顔で別れたのですが、次の日に早速、芦澤さんからメールが届きました。「いい編集者を紹介するから、早速書き始めてください」と。お酒の席だけで盛り上がる話のほとんどは実現しないこともよく知っています。この話も多分にそうだと思っていたところ、間髪入れずにメールが矢のように飛んできました。今まで文章がほとんどを占める本など、出したことがない自分に、果たして一冊分の文章が書けるのだろうか。大いに不安だったものの、「あまり大きく考える必要はなくて、書きたいことから少しずつ書けばいい」と言っていただき、それから、旅先や、早朝出社した時などに少しずつ書くことにしました。そしてある日、今回お世話になることになった新潮社の冨澤さんをご紹介いただいたのです。

私の原稿が本当に進んでいるのかを確認するような三人での呑み会が、その頃から始まりました。二十回くらいはご一緒したでしょうか。呑み会で話したことは、原稿の催促というよりも、社会情勢、日本の行く末、思想の話、民主主義の盲点、そしてもちろんデザインの話など、多岐に渡りました。今思えば、酒が入った時は不真面目な話をするのが大好きな私の割には、結構真面目な話をさせていただいたと思います。本の出版も貴重な経験ですが、この間に話した内容もそれに劣らず自分には大変貴重な時間となりました。本来なら一年ほどで出版にこぎ着けるはずの予定も、随分と延びてしまったものです。長い間お世話になった冨澤祥郎さん、そしてこの本を出すきっかけをいただき、さらに装幀もしていただいた芦澤泰偉さんに心からお礼を申し上げたいと思います。

塑《そ》する思考《しこう》

二〇一七年　七　月三〇日　発　行
二〇二四年　二　月一〇日　八　刷

著　者／佐《さ》藤《とう》　卓《たく》
発行者／佐藤隆信
発行所／株式会社新潮社
東京都新宿区矢来町七一
郵便番号一六二―八七一一
電話　編集部(03)三二六六―五四一一
　　　読者係(03)三二六六―五一一一
http://www.shinchosha.co.jp
印刷所／株式会社三秀舎
製本所／加藤製本株式会社
乱丁・落丁本は、ご面倒ですが小社読者係宛お送り下さい。送料小社負担にてお取替えいたします。

ISBN978-4-10-351071-0　C0095
価格はカバーに表示してあります。